#CON LAS NIÑAS NO Y TAMPOCO LOS NIÑOS

#CON LAS NIÑAS NO Y TAMPOCO LOS NIÑOS

Feminicidio infantil
Una tragedia nacional indetenible

Frida Guerrera

Ilustraciones de Céline Ramos

AGUILAR

El papel utilizado para la impresión de este libro ha sido fabricado a partir de madera procedente de bosques y plantaciones gestionadas con los más altos estándares ambientales, garantizando una explotación de los recursos sostenible con el medio ambiente y beneficiosa para las personas.

#Con las niñas no
Y tampoco los niños

Primera edición: mayo, 2022

D. R. © 2022, Frida Guerrera

D. R. © 2022, derechos de edición mundiales en lengua castellana:
Penguin Random House Grupo Editorial, S. A. de C. V.
Blvd. Miguel de Cervantes Saavedra núm. 301, 1er piso,
colonia Granada, alcaldía Miguel Hidalgo, C. P. 11520,
Ciudad de México

penguinlibros.com

D. R. © Céline Ramos, por las ilustraciones

ISBN: 978-607-381-299-3

Impreso en México – *Printed in Mexico*

Índice

Prólogo

¿Por qué y para qué es necesario escribir sobre la violencia que padece nuestra niñez? Porque parece que aunque es evidente, aunque se menciona, nadie la ve. Es importante continuar mostrando ese horrible rostro de dolor que se desdibuja entre la infinidad de encabezados, artículos y notas relacionadas con todos los tipos de violencia que desde hace varios años son parte de nuestra cotidianeidad.

El feminicidio infantil jamás se debería de invisibilizar; tendría que rompernos el alma, hacernos enfurecer, movernos a actuar y a terminar con él. A nosotros nos pasa cada día, porque a diario nos enteramos de pequeñas lastimadas, ultimadas. Cada vez que documentamos un caso de una bebé o una niña, nos asaltan montones de cuestionamientos: ¿Quién las cuidaba? ¿Alguien las escuchó? ¿Nadie se dio cuenta? ¿Por qué no denunciaron? ¿Qué hay en la mente del perpetrador? ¿Por qué la indiferencia?

La violencia extrema que padece nuestra niñez es visible, aunque cerremos los ojos. Ésta no sucede de un momento a otro, es un proceso: la mayoría tienen historias desgarradoras de violencia sistemática desde su nacimiento. Entonces nos cuestionamos: ¿En dónde estaban los familiares cercanos? ¿Nadie vio o escuchó? ¿No les pareció que los gritos y los insultos eran actos de violencia? ¿Asumieron los golpes y las heridas como parte de una crianza adecuada? ¿Por qué los adultos caen en la omisión e inatención? ¿Creen que gritar, amenazar, golpear o aterrorizar a la niñez es lo correcto?

¿Para qué escribimos este libro? Primero, para dar voz a esas pequeñas que fueron arrebatadas, para darles visibilidad: bebés, niñas y también niños asesinados. Segundo, para cuestionar nuestro actuar como adultos, para provocar la reflexión y la autocrítica, para mover a la acción, para ser conscientes de lo que hacemos al ver que un ser pequeño es violentado. ¿Volteamos los ojos a otro lado, pensando que si no lo vemos, no sucede? ¿Justificamos con la idea de que como padres saben cómo educarlo? ¿O tomamos las cosas con aparente respeto, pensando que cada quien su vida? Esto nos convierte en cómplices, voluntaria o involuntariamente.

Si ya éramos omisos, a inicios de 2020 sobrevino una pandemia que empeoró las cosas y dejó indefensas a cientos de mujeres, bebés, niñas y niños. Ni las autoridades, ni la sociedad civil, ni círculos de amistades o familiares las atendieron, escucharon o auxiliaron. La atención se centró en la enfermedad, en los seres cercanos que la padecieron, en quienes se fueron y en los que lograron superarla. Dominaba el temor de ser contagiados, de ponernos en riesgo en lo personal y a nuestros seres amados.

Muchos nos obsesionamos con el aislamiento, al grado de juzgar y etiquetar como "inconscientes" a quienes debían salir a trabajar, no por gusto, sino por necesidad. Ese grado de autoprotección terminó de cegarnos hacia el entorno; más que nunca, nos centramos en nosotros y dejamos de escuchar, de "meternos" con los demás.

Para muchos es inconcebible descubrirnos inertes, indiferentes hacia la violencia que se ejerce (o que incluso ejercemos) contra la niñez: vulnerable y sometida en un mundo de adultos que realmente se preocupa y ocupa muy poco de ella.

Algunas víctimas de los últimos años

En Morelia, Michoacán, el 29 de junio de 2018, Valentina perdió la vida a sus cuatro años después de que su padrastro la violó cuando su mamá salió a trabajar. Desde ese día su presunto feminicida se encuentra prófugo. Brenda, la madre de la niña, sumida en el dolor y la culpa, ha sufrido ataques por parte de una sociedad que ni oye, ni ve, ni actúa, pero sí la señala y responsabiliza, asesinándola con cada acusación: ¿Por qué no se fijó, por qué no se fue a tiempo? Esta sociedad responsabiliza a las víctimas mientras que las autoridades, incapaces, siguen sin encontrar al responsable.

El 14 de octubre de 2018, en Melchor Ocampo, Estado de México, Valeria, de doce años, salió a comprar un refresco para la comida y no volvió. Encontraron su cuerpo al día siguiente en un terreno baldío muy cerca de su casa. Su feminicida la había violado y estrangulado. Jesús García Sandoval había sido sentenciado a veintidós años de prisión por un crimen previo, pero las autoridades decidieron liberarlo sin completar su sentencia en febrero de 2018. Salió a seguir lastimando niñas. Gracias a la difusión del feminicidio de Valeria y, en ese caso, la intervención pronta de las autoridades, lo detuvieron. García Sandoval fue declarado culpable y sentenciado a ochenta y tres años de prisión en enero de 2020; sin embargo, el imputado apeló a la sentencia y un juez la redujo a sesenta y seis años.

El 1° de enero de 2019 volvió a suceder. En cuanto abrí mis redes sociales leí lo indescriptible. Camila tenía nueve años. En la víspera de Año nuevo, Marciano se la llevó de la puerta de su casa. En cuanto notaron su ausencia los padres de Camila iniciaron la búsqueda con el apoyo de sus vecinos. Lamentablemente, en el primer día del nuevo año, encontraron su cuerpo en un cuarto que se utilizaba como caseta de vigilancia. La habían violado y estrangulado. Su padre la tomó en sus brazos: "¡Pensé que sólo estaba desmayada!" El primer feminicidio del año, el primer feminicidio infantil, me produjo vergüenza e impotencia: "¡¡¡Chingada madre!!! ¿Cómo era posible?" Una nena, otra más que vivió sus últimos momentos llena de terror frente a un ser que decidió utilizarla para saciar sus necesidades asquerosas. Marciano fue condenado a prisión vitalicia el 24 de febrero de 2020; sin embargo, apeló y un juez aceptó la apelación, reduciendo la sentencia a sesenta y cuatro años de prisión.

En el camino, hemos acompañado los casos de estas menores y otras más. Por supuesto, aplaudimos las sentencias que con mucho esfuerzo y perseverancia se han logrado, pero eso no alivia ni nos despoja de la idea de que en el mundo no deberían de existir sujetos como estos que a diario nos arrancan a nuestras pequeñas.

Durante 2019, ciento cincuenta niñas menores de diecisiete años fueron asesinadas, la mayoría en casa por padres, padrastros, vecinos o primos. Algunas por predadores bien identificados, otras, por perpetradores invisibles que hasta hoy se desconocen.

Los nombres de las víctimas se repiten a diario como un mantra para no ser olvidados. La lista, desgraciadamente, crece. Lo terrible es que cada una de estas pequeñas debió ser protegida; todas tenía una vida, historia, sueños. En algunos casos, contaban con el amor de sus padres, que hoy son condenados por una sociedad omisa pero inquisitiva que los señala, haciendo que el peso de la culpa y la pérdida sean insostenibles. La documentación de aquellos feminicidios infantiles recopilados por la prensa de todo el país —y no son todos— debería ser suficiente para helarnos el alma y terminar con nuestra indiferencia.

Entre 2020 y 2021, ciento noventa y tres niñas menores de diecisiete años fueron asesinadas en medio de una pandemia que nos hizo aún más ciegos. Decenas de pequeñas fueron violentadas en su "lugar seguro". El 2020 inició con la indignación de cientos de mujeres que salieron a marchar y exigir justicia por Fátima Cecilia, una pequeña de siete años desaparecida y asesinada en la

Ciudad de México; sin embargo, antes de Fátima y después de ella existieron y siguieron otras muchas menores asesinadas en México.

QUE SUS NOMBRES NO SE OLVIDEN

Lea estos nombres, piense en estas vidas truncadas, mire hacia usted mismo y alrededor y responda: ¿Realmente estamos haciendo algo para evitar estos feminicidios? ¿Cuántas niñas conocemos que podrían ser la próxima en la lista? ¿Cuándo tomaremos la responsabilidad y la fuerza para poner fin a este problema?

2019

Camila Espinoza, Vanessa Vázquez, Daniela González Pérez, Tábata, Samantha, Elda Camila Rodríguez Soto, Milagros, Kymberly Sandoval Reyes, Mónica Aidé Serrano, Leydi Magaly, Ximena Gómez Sánchez, Leslye Danae Zamora Esquivel, Itzel Noemí Quiroa Seratos, Esmeralda Estefanía Tornero, Azamar, Gisell Garrido, Joselyn M.V., Jazmin S.J., Merary Flores Ruíz, Patricia Feliciano Miranda, Luz María, Guadalupe Villaseñor Delgado, Miriam Soto Monroy, Vanesa Trejo Córdoba, Ana Sofía Rivera Andrade, Claudia Ivón Ruíz Torres, Gabriela, Jeimy Trinidad Peréz, Deyana Monserrat, Melani Yamileth Solis De La Cruz, Elda Graciela, Daniela, María Yessenia, Ana, Isabela Fernandez, Romina N, Luz Nayeli, Alexandra, Armenia Vaquera Carreño, Sujheyli, Claudia Iveth Lomas Ramírez, Kesha Córdoba, Julieta, Nazarete Bautista, Ana Karen Castro Aguilar, Ana Paola Trejo Chávez, Zoe, Jennifer Sánchez, Perla Jaqueline, María De Jesús "N", Wendy Cabrera Canchola, Valeria Yazmín Coronado Hernández, Laura, Pamela, Adriana Michelle Álvarez Orozco, Karla Liliana Valdez Olague, Vanessa Michelle, Dulce Ivana, Monserrat Ángeles Salinas Ramos...

La lista duele, continúa, la tragedia crece

Leonor Anahí Ojeda López, Adriana Jacobo Rocha, Anahi Ojeda Lopez , Jazmin N, Karla Alejandra, M.Y.C.C., Elizabeth, Karla, Concepción, Judith Jazmín Bedolla Haros, Patricia De La Cruz, Flor Aldana Aldana, Jhoana Alejandra Cruz Ortíz, Ana Karen Brito Curiel, Saraí Silvia García, Pamela, Victoria, Ximena Sara, Emily Sherlyn, Ilse Elizabeth Aguilera Ávalos, Xiomara Yatsel, Milagros.

2020

La mayoría de las víctimas tienen el estatus de identidad reservada.
Arely Santiso Álvaro, beba de Aragón, Eimi Sofia V.G., Mía Guadalupe Dimas Gómez, Yareyci, Kenia, Paulina, Angélica Riaño Merino, Yeimi Romina, Alison Gabriela, Saraí Argueta Calvo, Ivanna Nicole, Scarlet, Yamil, Marisol, Michelle Aylin, Ana Roberta Estrada Cabazos, Mitzi Aidee, Britanny Geraldine, Abigail Del Ángel, Fani, Monserrat Joana, María De Lourdes, Jenifer Milagros, Dennise, Jessica Sarahí, Jarid, Naomi Paulina, Claudia Karina Paiz Domingo, Fátima Cecilia, Diana Yoselin, Sinaí Merino Quiroz, Yatziri, María Fernanda, Kimberley, Ariana Velázquez, Abril, Tomasita, Heidi Jazmín, Jade Angeline...

Son nombres de niñas, de ilusiones muertas

Yanahi, Tania Ramírez Santillan, Mayra, Celia, Ana Cristina, Dulce Dayan Torres Ortega, Blanca, Jean Aliyah, Guilleri Sarahí, Elsy Michelle, Jacqueline, Reyna Isabel Márquez Morán, Sofia Alejandra Acosta Valdez, María Fernanda, Renata, Dulce Guadalupe Tamayo García, Fátima, Ayelin Iczae Gutierrez Marcelo, Kimberly Citlali, Natividad Parra Ramiro, Ana Paola, Ana Kriceli Mora Flores, Sulmi Yesenia Cortés Espinosa, Paloma, Jade Aide Hidalgo Rodríguez, Guadalupe Monserrat, Jessica, Verónica, Cynthia Paola.

Que sus nombres no se olviden.

Feminicidio infantil en 2021: lacerante

Solos podemos hacer tan poco y juntos podemos hacer tanto.

HELEN KELLER

El 13 de julio de 2021 se reportó un incendio en San José Iturbide, Guanajuato. Murieron María Enedina y sus hijos Diana Paola, Juan Miguel y Wendy, de trece, doce y siete años respectivamente. Sin embargo, después de las necropsias, los médicos legistas informaron que antes de que sus cuerpos se calcinaran fueron asesinados a golpes. El homicida (u homicidas) inició el fuego para borrar las huellas de los crímenes y adjudicar las muertes al siniestro. Pocos se indignaron.

En noviembre de 2016 escribimos el primer compendio de la cobardía, titulado "Columna rota: La niñez asesinada". Lamentablemente, los registros y documentos de nuestras investigaciones confirman esta realidad abrumadora año con año:

Nuestras niñas están bajo el dominio o tutela de hombres que, por gusto, las asesinan. Y no, no es culpa de los familiares, sino responsabilidad total del feminicida y de las autoridades que poco hacen cuando alguna de ellas se acerca a denunciar. Y sí, cuide a sus hermanas, a sus primas, a sus amigas, a sus hijas, sean pequeñas o grandes, cuide a toda mujer que esté cerca. Y aunque sea repetitiva, aunque le aburra leerme y por si acaso no es evidente: a diario #NosEstánMatando.

El primer día de cada nuevo año hacemos el recuento de las víctimas acaecidas. Es un recordatorio, la forma que encontramos para no olvidarlas, para hacerlas visibles, para tener presentes a las pequeñas que nos han arrancado. No sé por qué no nos damos cuenta de que al arrebatarnos a una nos lastiman a todos, nos aniquilan el alma y la esperanza. No lo vemos, pero cada víctima afecta a la sociedad completa, de por sí resquebrajada por la indiferencia, la apatía y el desamor. Somos ciegos, como aquellos que describió José Saramago.

Diana Paola y Wendy fueron los feminicidios infantiles documentados números sesenta y ocho y sesenta y nueve de 2021. En el año, fueron ultimadas ciento veinte pequeñas menores de dieciocho años, setenta y cuatro de ellas no llegaban a los catorce. La mayoría fueron asesinadas por sus padres, madres, padrastros u otros familiares o conocidos. Aquí iniciamos, una vez más, con el recuento del feminicidio infantil, con los decesos ocurridos entre el 1° de enero y el 31 de diciembre de 2021.

EL RECUENTO INFAME: 2021

El 2 de enero, en Tijuana, Baja California, dos niños fueron asesinados durante la madrugada en su casa. La investigación de la Fiscalía arrojó que Zaira, de treinta y tres años, maestra de preparatoria y madre de los pequeños, puso fin a la vida de Alejandro, de nueve años, y de Nara, de cuatro, al asfixiarlos con una almohada.

El 3 de enero, en Cancún, Quintana Roo, una pequeña de 6 años, de identidad reservada, fue violada y ultimada. El caso se dio a conocer luego de que su presunto asesino, José, fue detenido y vinculado a proceso por feminicidio. Se desconoce si tenía alguna relación con la familia de la pequeña, sólo se sabe que fue la madre quien la encontró y dio parte a las autoridades.

El 25 de febrero, la Fiscalía del Estado de México fue notificada por parte de personal del Hospital de Especialidades Geriátricas del municipio de Chicoloapan sobre la muerte de una pequeña de cuatro años. La nena ingresó al nosocomio sin signos vitales y con diversas lesiones en el cuerpo. La Fiscalía procedió a integrar la carpeta de investigación y a realizar diversas diligencias para esclarecer los hechos. Jorge Álvaro, padrastro de la niña, fue detenido y se encuentra en proceso judicial.

El 2 de marzo, cámaras de vigilancia captaron el momento en el que Nicole Santos, de siete años, fue sustraída fuera de su domicilio en Tizayuca, Hidalgo. Diez días después, su cuerpo fue localizado dentro de una presa. El 14 de marzo las autoridades confirmaron que se trataba de Nicole y detuvieron a un sujeto como presunto autor del crimen.

El 4 de marzo, alrededor de las 9:30 en Ensenada, Baja California, Bryan golpeó brutalmente a su hijastra de 4 años, causándole lesiones de gravedad. Karla Fernanda perdió la vida el 5 de marzo en el Hospital General a consecuencia de traumatismo craneoencefálico severo. Hasta el momento su asesino no ha sido sentenciado.

La tarde del viernes 5 de marzo, Kimberly, de seis años, fue ingresada sin vida al Hospital General Gonzalo Río Arronte, en Puebla. Su mamá y padrastro mencionaron que Kimberly se cayó de una silla; sin embargo, el personal médico se percató de que la pequeña presentaba severos golpes, quemaduras infligidas con un cigarro y huellas de abuso sexual, por lo que se solicitó la intervención de la FGE. Ambos fueron detenidos por las autoridades y se encuentran en proceso judicial.

El 6 de marzo, en Silao, Guanajuato, Liliana Monserrat, de doce años, perdió la vida después de ser golpeada y apuñalada, presuntamente por Óscar, su cuñado de veintiséis años, quien la abusó sexualmente. Óscar fue detenido y se encuentra en proceso judicial.

El 13 de marzo, Mónica, de cuatro años, su hermano Alexis, de ocho, y su madre Rosa Angélica murieron apuñalados en Altamira, Tamaulipas. Su presunto asesino, William Gabriel, padre de Alexis, fue detenido en Veracruz y vinculado a proceso.

El 14 de marzo, en Tijuana, Baja California, el cuerpo de una pequeña de aproximadamente diez años fue encontrado dentro de una maleta. Según los medios locales, el cuerpo no presentaba signos de violencia, pero sí marcas de inyecciones. Hasta el momento, el cadáver de la niña no ha sido reclamado, por lo que se desconoce su identidad, así como quiénes son sus asesinos.

El 2 de abril, en Jacona, Michoacán, Sofía Lizeth, de seis años, salió de su casa a la tienda. Encontraron su cadáver cuatro días después. Según informes de la Fiscalía, elementos de esa corporación localizaron su cuerpo en un cerro ubicado en las inmediaciones de la colonia El Barril. Hasta el momento, no se han señalado sospechosos ni notificado sobre alguna detención.

El 9 de abril, en Chignahuapan, Puebla, una pequeña de dos años y su hermanito de ocho fueron ahorcados presuntamente por su madre, quien confesó haberlos asesinado para "vengarse" de su exesposo. Anabel intentó suicidarse después de los hechos pero no lo logró. Enfrenta un proceso judicial.

El 19 de abril, en Tultitlán, Estado de México, Luka, padrastro de una pequeña de cinco años, fue detenido y puesto a disposición de las autoridades como presunto responsable de haberla violado y provocado la muerte. Días antes, la víctima fue ingresada al Hospital Vicente Villada por supuestos dolores estomacales. La pequeña murió poco tiempo después. Al realizar la necropsia, los médico legistas encontraron que la niña tenía signos de asfixia y violación. El responsable está en espera de ser sentenciado.

El 21 de abril, en la localidad de Terrero de Santiago Papasquiaro, Durango, Kimberly, de seis años, murió después de sufrir diversos tipos de abuso de forma reiterada, incluido el sexual. Víctor Manuel Carrasco Díaz, padrastro de la niña, fue sentenciado a cincuenta y cuatro años de prisión, en tanto su madre, María del Pilar Hernández Hernández, pasará treinta y seis años en la cárcel.

El 26 de abril, la madre de Victoria, de tres años, la llevó desde la colonia Villas del Carmen en Piedras Negras hasta el Puente Internacional Uno para recibir atención médica en el Hospital Eagle Pass. La pequeña presentaba huellas de tortura y quemaduras de cigarrillo. Murió a consecuencia de la gravedad de sus lesiones. Rosie y Luis, madre y padrastro de la pequeña, fueron detenidos por la Fiscalía General del Estado de Coahuila en la ciudad de Piedras Negras cuando regresaban de la ciudad fronteriza de Eagle Pass. Hoy enfrentan un proceso judicial por feminicidio.

El 6 de mayo, el pequeño cuerpo de una niña recién nacida fue encontrado en la basura en Monterrey, Nuevo León. Lo desecharon después de apuñalarla. Hasta el momento se ignora su identidad, así como la de sus asesinos.

El 16 de mayo, Regina, de catorce años, y su madre, Gisela, fueron atacadas sexualmente y asesinadas por el socio de Gisela, Andrés Adalberto. Las autoridades del Estado de Morelos emitieron una ficha de búsqueda para dar con su paradero. En junio el presunto asesino fue detenido en Puebla. Ahora enfrenta un proceso judicial por el doble feminicidio.

El 18 de mayo, Brenda Gisela García Rodríguez, de ocho años, desapareció en San Diego de la Unión, Guanajuato. Encontraron su cuerpo dos días después en un tanque de agua cerca de su casa. Hasta el momento es un misterio si la raptaron y ultimaron o murió a causa de un accidente, pues ni autoridades ni familiares han explicado cómo llegó al tanque de agua.

El 3 de junio, en Matamoros, Tamaulipas, Hermenegildo ahorcó a su hijastra de doce años y a su hermano de trece e intentó suicidarse después. Ultimó a los pequeños para "vengarse" de la madre de los niños. El asesino está en espera de su sentencia.

El 30 de junio, una beba de año y tres meses fue internada en un Hospital en Tlajomulco de Zúñiga, Jalisco. El sujeto que la llevó y se presentó como su abuelo desapareció del lugar y hasta el momento se desconoce su paradero. Al revisar a la nena, el personal médico notó que presentaba hematomas en la zona frontal izquierda de su cuerpo ya sin vida. Las autoridades están investigando bajo el protocolo de feminicidio; sin embargo, hasta el momento no hay avance en la investigación de este crimen.

El 7 de julio, en Amecameca, Estado de México, fue localizado el cuerpo de Angélica Catalina, de siete años. La pequeña tenía signos de violación y fue apuñalada. Su abuelo fue detenido y puesto a disposición de las autoridades. Ya se encuentra vinculado a proceso por el delito de feminicidio.

El 15 de julio, en León, Guanajuato, Ariadna Sofía, de siete años, fue apuñalada por su hermano de diecisiete, quien luego de cometer el crimen dejó una nota para sus padres donde avisó que regresaría después. El adolescente fue detenido; en su defensa argumentó que había sido un accidente.

El 17 de julio, encontraron el cuerpo de la pequeña Isabel, de cuatro años, quién había sido reportada como desaparecida dos días antes. En sus indagatorias, las autoridades descubrieron que la pequeña había sido asesinada, puesta en una maleta y semienterrada en un predio de la alcaldía Gustavo A. Madero, en la Ciudad de México. La madre y padrastro—ambos de diecinueve años—, así como la abuelastra de treinta, fueron detenidos y vinculados a proceso por la Fiscalía capitalina.

El 28 de julio, en Temascalapa, Estado de México, Adeline, de doce años, salió de su casa. Fue localizada al día siguiente a unos pasos de su domicilio, asesinada. Hasta hoy se desconoce la identidad del autor material del crimen.

El 3 de agosto, en Tijuana, Baja California, fue detenido el asesino de una bebé de seis meses. César Enrique fue vinculado a proceso por el asesinato de la pequeña.

El mismo 3 de agosto, Itzel, de catorce años, fue encontrada sin vida en su domicilio en Huamantla, Tlaxcala. El presunto responsable es su novio, veinte años mayor que ella, quien fue detenido por asfixiarla luego de que ella decidiera terminarlo.

En Pichucalco, Chiapas, el 4 de agosto, María José, de tres años, fue asesinada, presuntamente por su madre y su pareja sentimental. Ambas fueron detenidas y vinculadas a proceso.

El 6 de agosto, Fátima Aidé Valdés Acosta, de dos años ocho meses, fue sustraída de su casa. Al día siguiente, su cuerpo fue localizado en un paraje de la alcaldía Milpa Alta en la Ciudad de México. Por este crimen, fueron detenidos Luis "N" y Rodrigo "N", hermano y cuñado de la madre de la menor.

El 9 de agosto, una pequeña de diez meses y su hermanito de dos años fueron localizados entre matorrales en Rosarito, Baja California. Su padre, Matthew Taylor Coleman, fue detenido y puesto a disposición de las autoridades estadounidenses. Fue acusado en San Diego, California. El padre secuestró a los pequeños y los trasladó a México para asesinarlos.

El 12 de agosto, Eva, una beba de un año y tres meses, fue llevada por su padrastro al hospital en Colotlán, Jalisco. El sujeto fue detenido después de revisar a la pequeña y descubrir en ella huellas de violencia.

El 18 de agosto, en Xalisco, Nayarit, encontraron a Alejandra, una niña de trece años, en un terreno baldío, asesinada y con huellas de violencia sexual. Hasta el momento no hay detenidos.

El 19 de agosto, en el Estado de México, una pequeña de cuatro años fue asesinada a golpes. La necropsia reveló que la nena padecía de síndrome de Kempe (síndrome del niño maltratado).

Marcela, la madre, y César, el padrastro, fueron detenidos y vinculados a proceso.

El martes 24 de agosto, Carolina, de un año, fue declarada con muerte cerebral luego de ser internada el 21 de agosto en un hospital en Jerez, Zacatecas. La pequeña fue violada y brutalmente golpeada. El 1 de septiembre perdió la batalla. Hasta el momento se desconoce si hay indiciados.

El 31 de agosto, una bebé de un año y medio fue asesinada en un supuesto rito satánico en Nacajuca, Tabasco. La investigación de las autoridades encontró y detuvo a la madre de la pequeña, quien enfrenta el proceso judicial.

El 16 de septiembre, un ciudadano informó a la autoridad que su vecino había enterrado a su pequeña hija en un predio en Cuauhtémoc, Chihuahua. Recuperaron el cuerpo de una bebé de seis meses. Hasta el momento no se ha informado sobre la detención de algún responsable.

En mayo, Estrella Isabel, de ocho años, fue sustraída con su mamá de su casa en el Estado de México. Las autoridades de Morelos las encontraron el 17 de septiembre y confirmaron a la familia que ambas habían sido asesinadas.

El 18 de septiembre, la desaparición de Mía Itzel, de dos años, fue denunciada, por su padre y abuela. Transcurridas dos horas de la denuncia, fue localizada sin vida en el sofá de su casa. No hay más datos o información sobre este lamentable caso.

El 21 de septiembre, Zoemi y Rubí, de trece y once años, fueron localizadas inhumadas junto a su mamá en Chiná, Campeche. La pareja sentimental de la madre fue detenida e imputada por el triple feminicidio.

El 21 de septiembre, en Huimanguillo, Tabasco, Valeria, de siete años, fue asesinada a balazos por su padrastro. El sujeto se encuentra detenido y en proceso judicial.

El 24 de septiembre, una pequeña de dos años fue ingresada al Hospital Materno Infantil en la alcaldía Magdalena Contreras en la Ciudad de México. La pequeña ya no mostraba signos vitales, por lo que su madre y padrastro fueron detenidos por feminicidio.

En Bahía de Banderas, Nayarit, el 1 de octubre, Verónica y Amelia, de catorce y once años, fueron asesinadas luego de que se citaran con un sujeto de cuarenta años y su esposa. Ambos torturaron a las pequeñas. Los presuntos culpables fueron detenidos y vinculados a proceso por feminicidio.

El 2 de octubre, Paula Regina, de dos años, fue asesinada a golpes por su padrastro. El sujeto ya se encuentra detenido y en proceso judicial.

El 3 de octubre, Rosa Isabel, de trece años, fue encontrada violada y asesinada en un terreno baldío en Chihuahua. Los responsables, tres menores de edad de quince, dieciséis y diecisiete años, fueron detenidos y serán juzgados por la Ley de Adolescentes.

El 8 de octubre, en Nazareno, Etla, Oaxaca, Maeli y su mamá fueron encontradas sin vida en un terreno baldío. El estado de los cuerpos indica que fueron asesinadas. El presunto responsable se encuentra prófugo.

El 12 de octubre, el pequeño cuerpo de Leah Alejandra, de cinco años, fue encontrado muy cerca de su hogar. Fue sustraída de su domicilio en Reynosa, Tamaulipas. Hasta el momento no hay ningún indiciado.

El 18 de octubre, una pequeña de doce años fue degollada junto a su madre en Aculco, Estado de México. El padre de la pequeña se suicidó luego de asesinarlas.

El mismo 18 de octubre, Desiré y Corina, de uno y cuatro años, fueron asesinadas junto a su madre y abuela, en Juárez, Nuevo León. El responsable es el padre de las pequeñas, quien ya se encuentra detenido por el múltiple homicidio.

El 26 de octubre, una bebé de siete meses fue encontrada asesinada en un predio en Ciudad Juárez, Chihuahua. La investigación de las autoridades señaló a los padres de la bebé como los presuntos responsables. Ambos fueron detenidos y vinculados a proceso.

El 19 de noviembre, en Nicolás Romero, Estado de México, Zoé, de tres años, fue asesinada por su padrastro cuando la arrojó contra una pared. El padrastro fue detenido unos días después. Aunque la madre fue quien la llevó al hospital, las indagatorias revelaron que la pequeña sufría síndrome de Kempe, por lo que un mes más tarde su madre también fue detenida y vinculada a proceso. Ambos fueron acusados por el delito de feminicidio.

El 22 de noviembre, en Huehuetoca, Estado de México, una orden de aprehensión fue ejecutada contra Rocío, una mujer de cuarenta y cuatro años que vivía con su pareja. La mujer ingresó a su hijastra de cinco años en el hospital, argumentado que sufría problemas estomacales. La investigación reveló que la pequeña había sido asesinada por la mujer.

El mismo 22 de noviembre, en Coahuila, Vayolet, de tres años, fue ingresada en el hospital por su madre, quien declaró que la pequeña había sufrido una caída; sin embargo, la investigación reveló que en realidad la niña había sido golpeada brutalmente por Olivia, su madre.

El 25 de noviembre, en Hidalgo, Gisela, de dos años, fue violada y asesinada por su padrastro. El sujeto fue detenido y vinculado a proceso por los delitos de violación y feminicidio.

El 27 de noviembre, entre los límites del Estado de México y Querétaro, una pequeña de aproximadamente un año fue encontrada sin vida. No tenía huellas visibles de golpes, sólo cinco rasguños en el rostro.

El 30 de noviembre, en Cancún, Quintana Roo, una pequeña de cuatro años fue encontrada sin vida junto a su mamá de veintiún años. Los medios locales informaron que la joven madre tenía entre cuatro y seis meses de embarazo. Hasta el momento la tragedia se ha manejado como asesinato-suicidio.

En julio, en Camargo, Chihuahua, Mía Yexalen, de catorce años, desapareció. Su ausencia fue reportada por sus padres. En septiembre se encontró una osamenta. El 30 de noviembre se confirmó mediante pruebas de ADN que los restos eran de Mía.

El 3 de diciembre, en la carretera Chamapa-Lechería, encontraron el cuerpo de una menor de identidad reservada. La investigación llevó a la detención de Antonio, padre de la niña de doce años. Él la estranguló en su domicilio para posteriormente abandonar el cuerpo cerca de un río. Fue detenido y vinculado a proceso por feminicidio.

El 16 de diciembre, en La Paz, Estado de México, Melanie, de trece años, salió de su domicilio para acompañar a su hermanito a la escuela. La niña fue localizada horas más tarde violada y estrangulada. Un vecino fue detenido y vinculado a proceso por el feminicidio de la pequeña.

El 17 de diciembre, en Parras, Coahuila, una pequeña de tres años fue llevada al hospital por su madre, quien al ingresarla argumentó que la niña se había ahogado. La necropsia reveló que la pequeña murió por perforación en el intestino; sin embargo, ningún familiar ha sido detenido pues el médico legista informó que no sufría de maltrato, aunque su hermanita de un año presenta los mismos síntomas.

El 15 de diciembre, en Ciudad Acuña, Coahuila, María Belén, una beba de once meses de edad, fue brutalmente golpeada por su papá cuando regresó por la madrugada de una fiesta. Al intentar dormirla, la bebé comenzó a llorar, hecho que enfureció a su padre, quien la molió a golpes. La madre cuestionó al sujeto, quien respondió que no quería a la pequeña y que prefería verla muerta. María Belén fue llevada al hospital por su madre dos días después. El 22 de diciembre la pequeña perdió la vida. El padre fue detenido y vinculado a proceso.

El 27 de diciembre, en Navolato, Sinaloa, Alma Delia, de seis años, fue asesinada. Un conocido de su familia la atacó a machetazos. El sujeto fue detenido, puesto a disposición de las autoridades y vinculado a proceso por el feminicidio de la pequeña.

A finales de diciembre, en Xoxocotla, Veracruz, Fanny, de doce años fue violada y brutalmente asesinada. Su cuerpo sin vida fue encontrado a lado de un vehículo estacionado en la comunidad La Mesita. Hasta el momento no hay indiciados por este crimen.

El 29 de diciembre, en Playa del Carmen, Quintana Roo, Cristel Fiorelli, de cinco años, desapareció afuera de su casa. Su madre reportó la ausencia ante las autoridades, quienes la localizaron el 30 de diciembre violada, asesinada y semienterrada en la casa de un vecino que le regalaba galletas y chocolates. El sujeto fue detenido y puesto a disposición de las autoridades, quienes buscarán darle la máxima sentencia por el delito de feminicidio, que equivale a cincuenta años. Sin embargo, reportes señalan que los vecinos habían reportado el descuido y desatención por parte de la madre, quien permitía que sus dos pequeñas hijas se "juntarán" con sujetos adictos que viven en las calles.

CIFRAS DUDOSAS

El 22 de junio de 2021, en Zongolica, Veracruz, Lidia y Magali de doce y trece años, fueron localizadas sin vida. Medios locales informaron:

> Por causas desconocidas, Lidia "N" tomó la fatal decisión de terminar con su vida. El cuerpo fue hallado por Magali "N", de trece años, cuando llegó a buscarla a su vivienda en la cabecera municipal. Fue tal el impacto que Magali "N" sufrió un infarto fulminante.

Tras enterarse del hallazgo, los familiares de las pequeñas las trasladaron en una camioneta particular para buscar ayuda. En el camino, fueron interceptados por paramédicos de la Unidad del Sistema de Atención Médica de Urgencias de Veracruz (SAMUV), quienes confirmaron el deceso.

Las autoridades de Zongolica y policías ministeriales se encargaron de dar fe del doble fallecimiento. Iniciaron la carpeta de investigación, aunque confirmaron la versión de que Lidia murió de asfixia por ahorcamiento y Magali por infarto fulminante. Sin embargo, para muchos persiste la duda y la creencia de que debe hacerse una investigación a fondo que permita conocer qué sucedió realmente en ese lugar de la Sierra Veracruzana.

Por lo menos setenta menores de entre quince y diecisiete años han sido encontradas muertas a balazos tan solo en 2021. Son homicidios que pocas veces se resuelven, muchos de ellos vinculados con la delincuencia organizada. Estos asesinatos duelen igual que aquellos que son perpetrados por quienes tenían la responsabilidad de cuidar a todas estas pequeñas, como hemos visto en los párrafos anteriores.

La mayoría de las madrastras, padrastros, padres y madres que violentan y asesinan a las pequeñas son jóvenes de entre diecisiete y veintinueve años. Tal vez esto confirma aquello que tanto se dice: las generaciones actuales han crecido bajo el manto de la impunidad al no enfrentar consecuencias por sus actos. Muchas de estas menores que hoy no existen ni siquiera fueron registradas, como era su derecho.

Desde hace más de un año nos ocupa nuestra #BebaDeAragón, una pequeña de quien contamos con muy pocos datos. Hace meses encontraron su cuerpecito dentro de una mochila debajo de un puente en Valle de Aragón, en el municipio de Netzahualcóyotl. Nadie lo ha reclamado. Queremos que su asesinato no quede impune y seguiremos luchando por ello. Necesitamos con urgencia conocer su identidad para dar con su familia y con los perpetradores de su feminicidio.

Datos duros, realidad desesperante

Según datos de Secretariado Ejecutivo del Sistema Nacional de Seguridad, doscientas treinta y dos niñas y adolescentes fueron víctimas de muerte violenta en el país de enero a noviembre de 2021. Noventa y cuatro fueron víctimas de feminicidio y ciento treinta y ocho de homicidio doloso. Sin embargo, nosotros hemos registrado ciento treinta feminicidios infantiles a partir de nuestra investigación documental diaria en diversas fuentes.

Nelson Mandela decía: "El verdadero carácter de una sociedad se revela en el trato que da a su niñez". Si analizamos la frase, tal vez entendamos que es nuestra responsabilidad individual y colectiva detener esta violencia que sufre nuestra niñez.

Las instituciones dedicadas a proteger la vida e integridad de la niñez, como el Sistema Nacional de Protección Integral de Niñas, Niños y Adolescentes (SIPINNA) y el Sistema Nacional para el Desarrollo Integral de la Familia (SNDIF o solo DIF), deberían realizar censos poblacionales anualmente (como mínimo) para detectar a la población vulnerable, conocer el estado integral de nuestras niñas y niños, y evaluar periódicamente a sus padres para respetar y, sobre todo, hacer cumplir la Declaración Universal de los Derechos de la Infancia.

También sería un acto de protección a la infancia que cada vez que nazca un bebé se registre su ADN y el de su madre o padres, para que en cada caso como el de nuestra #BebaDeAragón las víctimas dejen de ser desconocidas, que se pueda localizar a sus padres y avanzar en las investigaciones

¿Y los niños?

Los niños, niñas y adolescentes tienen derecho a una vida
sin violencia, explotación o abuso de cualquier tipo.
UNICEF

Los únicos capaces de cambiar a este país están siendo aniquilados ante nuestros ojos mientras nosotros los ignoramos y nos entretenemos en guerras estériles. Paremos y hagamos nuestra la propuesta: #ConLosNiñosNO.

Durante 2019, intenté documentar los asesinatos de pequeños varones. Fue una tarea muy difícil, pues lamentablemente no hay muchos elementos para apoyar este trabajo. Sin embargo, hemos acompañado algunos casos como el del pequeño César Emiliano.

CÉSAR EMILIANO

El 5 de octubre de 2018, llegaron de manera anónima tres fotografías a mi correo electrónico. Me pedían hacer algo por el bebé que aparecía en las fotos. Las imágenes me carcomieron el corazón: mostraban a un pequeño de no más de año y medio, con ojos medio cerrados y visiblemente golpeado. Me quedé sin aliento. La petición en el correo fue clara: "Frida, por favor ayuda a que esté niño no vaya a dar a la fosa común, que se dé con su identidad y la de sus asesinos".

Pensativa, me cuestioné: "¿Además de documentar y contar historias de mujeres y niñas, ahora lo haré también con los niños? ¿Tan jodida está la sociedad?" La respuesta fue un sí rotundo. Los niños son de todos y debemos empezar a visualizar el dolor que sufren y que también lastima a nuestra sociedad; evidenciar la vergüenza compartida que deberíamos sentir por permitir que los aniquilen.

La lucha por dar con la identidad, familia y presuntos asesinos del #BebéDeTultepec—lo llamamos así porque lo abandonaron en una obra en construcción en Avenida Toluca en Tultepec, Estado de México—me llevó a contactar de inmediato a mis dos grandes amigas y aliadas: Marcia, administradora de Siguiendo tus huellas; y Alejandra Arce, artista forense quien con sus manos y corazón dio rostros a Lupita, Alexa y ahora a este bebe.

A partir del 20 de octubre empezamos a difundir el retrato en redes sociales. Más tarde, el 11 de diciembre, el fiscal general del Estado de México, Alejandro Jaime Gómez, dio a conocer la cédula oficial del pequeño.

Tuvimos una respuesta casi inmediata. Gracias al trabajo en conjunto, cinco meses después dimos a conocer el nombre y rostro en vida del pequeño César Emiliano. Conocimos a la familia materna, que nos ayudó a encontrar a la madre del nene, Karla, quien había sido detenida por robo. Para entonces, nuestro bebé ya había sido sepultado. El sepelio se realizó en el Panteón Memorial, en Naucalpan, Estado de México.

Conocimos y platicamos con el padre de nuestro nene, quien nos contó que luego de vivir con Karla por pocos años y procrear dos hijos, por diversas situaciones decidieron separarse. Los bebés fueron separados: César Emiliano se quedó con su mamá y su hermanito con su papá.

Karla mantuvo contacto unos meses con el padre de sus hijos; sin embargo, la nueva pareja de la joven madre impidió que la comunicación continuara debido a los celos que le provocaba esa relación. El padre no sabía lo que había sucedido con el pequeño Emiliano hasta que se difundió en algunos medios el rostro del pequeño.

Tras conocerse la identidad, la madre continuó presa y fue imputada por la muerte del pequeño, mientras que su pareja, Luis Enrique Domínguez Hernández alias "el Garzo", estaba prófugo. Gracias al trabajo de las autoridades fue detenido y vinculado a proceso. El 23 de Marzo de 2021, Karla Viridiana Jiménez López fue sentenciada a cincuenta y cinco años de prisión, y el 28 de septiembre del 2021 su pareja recibió la misma sentencia, ambos por arrebatarle la vida al pequeño César Emiliano.

El padre de Emiliano continúa trabajando y tratando de sobrellevar la vida, pues aún tiene que cuidar de su otro bebé, quien reclama ver a su hermanito "Chicharito", como le llamaban amorosamente.

GADIEL

En febrero de 2019, una chica que sigue nuestro trabajo por redes sociales me pidió apoyo para un familiar cercano: su primo había perdido a su hijo, un pequeño de cinco años. Como normalmente lo hago, por ética y respeto a las familias, le di mi celular y le pedí comentara con el padre que me había contactado, y que si era su deseo, me llamara.

Me sumergí en el trabajo diario de la búsqueda de mujeres, niñas y niños asesinados. La llamada llegó el 10 de abril de 2019. Del otro lado del teléfono, la voz angustiada de un joven se presentó como David, y me explicó que habían asesinado a su niño, y que buscaba apoyo para hacerle justicia.

David se había unido hacía cinco años a Gabriela:

No nos casamos, sólo nos juntamos, pero hace como dos años nos separamos. Los dos vivíamos en Ecatepec, yo estaba tranquilo y le daba la pensión para mi hijo, además lo veía y él estaba bien. Sin embargo, todo cambió en diciembre. La nueva pareja de Gabriela se iría a vivir a Querétaro, y obviamente no le iba a permitir que se llevara a mi hijo, a pesar de que sabía que podría estar bien con ella, me lo quedé. Empecé a ver lo de la guarda y custodia, pero en esos días los tribunales estaban de vacaciones, después me dijeron que necesitaba dinero para pagar el juicio y no lo tengo, trabajo para lo necesario. A finales del mes de marzo, Gabriela vino a ver al niño, se lo llevó y ya no me lo regresó.

El pequeño fue sustraído por su mamá. David no sabía ni dónde buscarla, pero al mismo tiempo se quedó tranquilo. Estaba con su mamá, ¿qué podría pasarle? El sábado le llegó el rumor de que Gadiel, su pequeño, había muerto como consecuencia de un malestar estomacal. Sin saber hacia dónde dirigirse y acompañado por su padre, se trasladó al estado de Querétaro:

Recorrí delegaciones, hospitales y nada. Al final, me dijeron que fuera al Servicio Médico Forense (SEMEFO), que si el niño estaba muerto tal vez ahí lo encontraría, y sí, ahí estaba.

Los agentes de investigación no me querían decir nada, cuando acredité que era el padre del niño me dieron un poco de información, me dijeron que mi niño había sido violado, torturado y asesinado.

En ese momento sacaron a la mamá de mi hijo y a su pareja para trasladarlos, al igual que a mí y a mi padre; sin embargo, no me decían nada más, hasta que exploté y les exigí me indicaran a dónde íbamos. Visiblemente molestos, los agentes me informaron que íbamos a Celaya, Guanajuato, porque allí ocurrieron los hechos. En esa ciudad vivía Gabriela con su nueva pareja y fue donde asesinaron a mi pequeño.

Carlos Iván "N" fue vinculado a proceso, mientras que la madre de Gadiel fue puesta en libertad al no tener "responsabilidad en el crimen". Pero David, preocupado, molesto, herido e impotente, me dijo que ella estaba consciente de lo que le pasó al bebé: "Estuvo semana y media con ella y lo mataron. Ella no lo cuidó y me lo arrebató sólo para que lo asesinara Carlos Iván. Ayer enterré a mi bebé".

El joven padre fue amenazado por la familia del presunto responsable de los hechos, lo que provocó que él no acudiera a la audiencia el 10 de abril. La carpeta está residida en Celaya. Néstor Vilchis, ministerio público encargado del caso, le notificó a David que Carlos Iván fue vinculado por homicidio simple, y reiteró que la madre permanecería en libertad por carecer de pruebas que la implicaran:

> Ahora Gabriela está libre, y él podría salir porque el delito del que lo acusan no es considerado "grave", pero a mí las autoridades me dijeron que mi niño había sido violado, entonces la justicia no es real, mi hijo no era un animalito.

Necesitamos seguir sumando y exigiendo a las autoridades justicia para nuestros niños. David y el padre de Emiliano son dos jóvenes padres a los que les toca exigir justicia por sus pequeños.

Este nuevo compendio crece ante la indiferencia de muchos que esperan a que las cosas en este país cambien por sí solas. Estos padres, hoy, se suman a las centenas de madres y familias de niñas y mujeres que han sido asesinadas en el México de la indiferencia.

OTRO RECUENTO INFAME

Niños que salen a la calle y ya no regresan, que son encontrados violados y asesinados, como sucedió con Eidan, de tres años, el 21 de enero de 2019 en Veracruz.

El 25 de enero de 2019, en Baja California, el cuerpo de un pequeño no identificado, de alrededor de cinco años, fue encontrado calcinado.

En Sinaloa, el 31 de enero de 2019, Gabriel Antonio, un bebé de un año cuatro meses, fue asesinado junto a su madre.

El 6 de febrero de 2019, Gabriel, de cinco años, fue quemado por su padre dentro de una iglesia, en Guanajuato. El sujeto fue detenido y vinculado a proceso.

Ese mismo 6 de febrero, un pequeño de entre tres y cinco años fue localizado semienterrado en Tabasco.

El 14 de febrero de 2019, Cristian Emilio, de doce años, fue apuñalado en una calle de Celaya, Guanajuato.

El 26 de febrero de 2019, Yeidan Karol Ramón, de siete años, llegó muerto al sanatorio particular de Juventino Rosas en Guanajuato. Personal de trabajo social del hospital dieron parte al Ministerio Público. Tomaron la decisión tras advertir que el cuerpo del pequeño presentaba infinidad de golpes y cicatrices: los signos de abuso y maltrato no fueron advertidos por el personal del DIF municipal de Juventino Rosas, que por meses "atendió" al niño cuando lo canalizaron con una psicóloga de la institución, pues en su escuela lo calificaron como hiperactivo. El pequeño fue asesinado a golpes por su mamá.

En Veracruz, el 10 de marzo de 2019, un bebé de seis meses fue presuntamente estrangulado por su mamá, quién se "suicidó". Se desconoce el paradero del padre.

El 13 de marzo de 2019, dos bebés recién nacidos fueron encontrados muertos en distintos puntos de la Ciudad de México.

El 19 de marzo de 2019, un pequeño de tres años fue encontrado dentro de un refrigerador en Morelos. Sus tíos lo asesinaron y destazaron para ocultarlo en el refrigerador. Ambos están detenidos.

El 20 de marzo de 2019, en Nuevo León, Yurem, de ocho meses, fue asfixiado por sus padres porque no dejaba de llorar. El padre está detenido.

El 1 de abril de 2019, Cinthia, la madre de un pequeño de ocho años, fue vinculada a proceso como presunta responsable del asesinato a golpes de su hijo en el Estado de México.

El 9 de abril de 2019, Pedro, un bebé de un año cuatro meses, originario de Huaquechula en Puebla, fue encontrado sin vida y trasladado al hospital por su mamá. En un primer momento se especuló que había sido violado y asesinado; sin embargo, como es costumbre, las autoridades desmintieron el hecho. Hasta el momento se desconoce qué sucedió realmente con Pedro.

Lamentablemente, dejamos de documentar los decesos de los pequeños debido al exceso de trabajo y no por falta de interés o relevancia. Estamos indignados también por nuestros niños, a quienes intentamos darles voz para ver si así logramos crear conciencia acerca de que son de todas y todos, que más que una lucha de géneros es una guerra contra la impunidad, un grito desesperado por hacer un alto y revisar qué estamos haciendo y omitiendo con nuestra niñez. En México, en promedio, cuatro niños son asesinados diariamente.

Iniciamos el 2022 con la vergüenza de que seguimos sin entender que es nuestra responsabilidad cuidarlos, amarlos, respetarlos, protegerlos. El 1 de enero de 2022 un bebé de año y medio fue brutalmente asesinado a golpes por su padrastro en Fortuna, Jalisco. El sujeto fue detenido tres días después.

El mismo 1 de enero, Ángel, un pequeño de cuatro años, fue golpeado con un bate por su tío materno en Saltillo Coahuila. El pequeño sigue luchando por su vida. Familiares intentaron linchar a Fausto "N", quien fue salvado por policías municipales. El hecho ha consternado a los coahuilenses.

El 5 de enero un pequeño de un mes fue golpeado hasta la muerte por ambos padres en Nombre de Dios, Durango. Los padres fueron detenidos.

José Jair, un pequeño de cinco años, desapareció el 2 de enero en la ranchería Lázaro Cárdenas, Tabasco. El 8 de enero su cuerpo fue localizado en un río. Hasta el momento las autoridades desconocen la identidad y paradero del responsable.

¿A quién le falta una beba?

Una fotografía es un secreto sobre otro,
cuanto más te dice menos sabes.
DIANE ARBUS

No tenía más de un año. Fue el domingo 28 de junio de 2020 cuando los diarios locales dieron cuentan del hallazgo del cuerpo de una pequeña dentro de una maleta en Avenida Zapatas y Valle Mixteco, Valle de Aragón, Estado de México.

Eran aproximadamente las ocho de la mañana cuando vecinos del lugar reportaron el descubrimiento. Una mochila negra, adentro, el pequeño cuerpo de una beba, su labio roto, sus ojos cerrados, envuelta en una gasa blanca, desnuda. La tierra, las calles, las cámaras que no sirven, la resbaladilla y los columpios, todos testigos mudos del hecho, observando a quien se atrevió a dejarla ahí abandonada, como si se tratase de una cosa que sin más puede ser desechada.

Estoy segura de que a la mayoría de la sociedad nos indignó el hecho: lloramos, sentimos el deseo de tener de frente a quienes se atrevieron a lastimar a una pequeña, a un pequeño; deseamos con todo nuestro corazón haber estado ahí en ese momento, haber visto al perpetrador (o perpetradores) y encararlo, detenerlo, hacerlo pagar. Esas son las emociones e ideas que muchos experimentamos hasta el presente.

Al enterarme, de inmediato mandé la nota al chat que compartimos cinco mujeres ubicadas en diferentes estados del país. Le pedí ayuda a la artista forense de quien hablé en el capítulo anterior, Rosa Alejandra Arce. Ella es quien permite darle un rostro a las niñas, niños y adolescentes que tiran en las calles como pequeños trozos de basura, como algo inservible que nadie necesita.

Nuestra pequeña media sesenta y dos centímetros. Era de frente amplia, boca mediana, con cejas semipobladas y cabello muy corto, lacio, de color castaño oscuro, de tez blanca y ojos cafés, sin vida. ¿Qué vieron esos ojos en sus últimos momentos? ¿Qué pesadilla vivió ese pequeño ser en sus no más de dos años?

Tenía huellas de haber sido violada sistemáticamente por un periodo prolongado: síndrome de Kempe. En este caso, la historia es breve porque no tenemos información de la bebé. Pero sabemos que era una pequeña que merecía ser amada, respetada, cuidada y protegida, lo mismo que las ciento noventa y tres pequeñas que tenemos documentadas en todo el país que fueron ultimadas en 2020.

Alejandra Arce cumplió una vez más con la difícil tarea de darle rostro a esta pequeña para descubrir su identidad, encontrar a su familia y saber qué pasó. Estamos seguras de que alguien la extraña, que alguna abuelita o tía la necesita, que algún vecino o vecina ha notado que hay una pequeña ausente, y que quien logre identificarla nos buscará o acudirá a las autoridades para hacerle justicia.

Bryan LeBarón se unió a la exigencia de justicia ofreciendo cien mil pesos de recompensa para quien dé información certera sobre la identidad de la pequeña, sobre su (o sus) victimario(os). Por su parte, la Fiscalía del Estado de México ofreció trescientos mil pesos.

El sábado 4 de julio de 2020, nos dimos a la tarea de difundir panfletos con su rostro en las inmediaciones de donde sucedió el hallazgo. Pedro Carrizales "el Mijis", Bryan LeBarón, Saira, Orlando y Susana, y parte de las familias de Voces de la

Ausencia, nos acompañaron para difundir su rostro más allá de las redes sociales.

El 26 de abril de 2021 el cuerpo de nuestra bebé fue inhumado. No era justo tenerla guardada en una gaveta del SEMEFO. La Comisión de Atención a Víctimas del Estado de México (CEA-VEM) y la Fiscalía de Género de la entidad nos acompañaron. Para hacer posible el proceso de inhumación, la Fiscalía debía tomar imágenes para comprobarlo y agregar a la carpeta de investigación. Abrieron su ataúd siguiendo el protocolo y la vi. El momento fue muy doloroso. Al verla, me di cuenta de que no tenía más de seis meses.

A más de un año de su hallazgo, no hay quién la reclame como suya, no hay quién diga: "Yo la conozco, y quiero justicia".

¿A alguien le falta una beba? Es la pregunta que lanzamos al aire. Sabemos que la pregunta te encontrará y que ayudarás a responderla. Que nos dirás que sí y, con ello, nos permitirás poner un nombre a nuestra pequeña, conocer su historia y hacerle justicia. Ten la seguridad de que seremos discretos y cuidaremos tu anonimato. Hazlo por ella, por nuestra #BebaDeAragón.

Siempre me pregunto: ¿A cuántas personas les interesa realmente lo que está pasando con nuestra niñez? ¿Cuántos están dispuestos a dejar el confort de las redes sociales, exigiéndome desde ese espacio que vaya a ayudar a niños aquí y allá, que me pronuncie por algo? El mal uso de la tecnología ha agudizado la deshumanización de la sociedad. Cuando me hago estas preguntas, imagino una sociedad diferente, aquella que considero que alguna vez fuimos: la empática, la que se preocupaba si escuchaba el llanto de una niña y que buscaba ayudar, ya fuera denunciando o enfrentando a los padres de esa niña lastimada. Hoy, la mayoría prefiere continuar interactuando con el celular, o subir el vidrio del auto para que los pequeños, sembrados en las esquinas de calles y avenidas de las ciudades, como parte del paisaje urbano, pidiendo limosna o vendiendo chicles, no les molesten.

¿Cuántos de esos que desde hace unos meses conocen el trabajo que hacemos voltean a ver a aquellas pequeñas que son parte de su familia y, a pesar de saber que son maltratadas, no intervienen porque "no les toca"? Es fundamental entender y aceptar que la niñez es de todos y que al estar más atentos a nuestro entorno podremos evitar más daños.

He insistido desde el inicio y lo seguiré haciendo: dejemos de lado peleas estériles y absurdas, renunciemos a los ataques de unos y otros. Entendamos que sólo juntos podemos hacer conciencia de la necesidad de poner fin a esta barbarie. Los resultados de nuestras investigaciones, mi cuestionamiento y constantes invitaciones a la reflexión y, sobre todo, a la acción, no son acusaciones contra una persona o grupo, pero sí contra la impunidad, la negligencia, el machismo y la indiferencia que sigue arrancado vidas "porque se puede".

Ayúdanos a denunciar todo aquello que no debe ser tolerado. Sí, ahí dónde veas violencia. Sólo unidos y unidas lograremos poner fin al dolor infringido en nuestras bebas, en nuestros nenes, en nuestro futuro que hasta hoy sigue siendo apagado frente a todos.

La niñez es responsabilidad de todos

Si he sido capaz de iluminar una sola infancia triste, estoy satisfecha.
ASTRID LINDGREN

En los últimos días hemos pasado por todo tipo de emociones. La infinidad de situaciones que hemos acompañado nos llevan del enojo a la impotencia, de la alegría al llanto. En ocasiones—las menos—las lágrimas son de felicidad, aunque la mayoría son de impotencia al vernos limitados para seguir ayudando a poner fin a la violencia y su consecuente dolor.

En mayo de 2021, un domingo a las ocho de la mañana, recibí una llamada de un número desconocido. Una amable y hasta adulante voz me saludó cordialmente y alabó mi "trabajo". Le pedí que se identificará y me dio su nombre, subrayando que era abogada. Luego, expresó el motivo de su llamada: "Le llamó para saber cómo nos puede apoyar para recuperar al niño de *Lolita*. La conozco bien porque mi amiga y yo le dábamos despensa para ella y su niño. Usted se lo quitó y hasta ahora nadie nos dice nada del niño".

La escuché y le respondí que si de verdad la ayudaba como decía, debía conocer el lugar donde el pequeño vivía y estar enterada de las condiciones de indigencia en las que lo tenía su madre. Le dije que ese no era el ambiente adecuado para el desarrollo de un pequeño.

Conocí la historia de este nene por un reporte en redes sociales. El 14 de abril de 2021, me informaron a través de Facebook sobre el supuesto maltrato que padecía un pequeño a manos de su madre en un cajero automático en el Municipio de Metepec, en Toluca, Estado de México.

Me trasladé hasta el lugar que referían, pero ya no estaban. Contacté inmediatamente a quien desde hace algunos años me ha ayudado a dar legalidad y justicia a los casos en que le solicito apoyo: Dilcya Samantha García Espinoza de los Monteros, fiscal central de Género del Estado de México. Ella siempre me da respuesta y se desvela a mi lado hasta lograr la solución o encontrar lo que buscamos. De inmediato, Dilcya me envió el apoyo necesario para dar con la ubicación de la madre y el bebé maltratado.

Cuando exploramos la zona con elementos de la Policía de Investigación de la Fiscalía de Género—porque no llegó ningún representante del Municipio de Metepec, como lo afirmaron mediante un comunicado al día siguiente—encontramos sangre en las inmediaciones. Con ayuda de familiares de la mujer, logramos dar con la vivienda donde se encontraban la madre y el bebé.

Si pudiera describir el lugar con exactitud lo haría, pero no puedo. Era un cuarto de dos por dos. El fétido olor nos hizo retroceder en un primer momento. Había dos camas, cubetas con lo que parecían ser orines, excremento, trastes, cobijas sucias. Un ambiente insalubre, inseguro para un pequeño. De hecho, me atrevo a decir que ningún ser humano, sin importar la edad que tenga, merece vivir en esa perniciosa situación.

Tras mucho negociar, finalmente convencimos a la madre para que accediera a que el pequeño Juan fuera certificado por las autoridades. La madre no fue detenida porque es necesario evaluarla para descartar que también sea una víctima. El pequeño no tenía heridas o cicatrices; sin embargo, sí presentaba un estado grave de desnutrición y era evidente el total abandono en el que transcurría su vida.

Juan está a salvo en el DIF, mientras que las autoridades continúan las investigaciones para determinar la situación legal del pequeño, quien no tiene registro de nacimiento. En este proceso, nos enteramos de que tenía dos hermanitas, una de ellas rescatada por su papá y su abuela, y otra a quien intentaron salvar pero que perdió la vida debido a la grave desnutrición que padecía y un sinfín de infecciones. Hoy el destino de Juan será otro, gracias a la persona que valientemente denunció la situación en redes sociales. La satisfacción de salvar la vida de un pequeño es permanente.

Le hice saber todo lo que acabo de narrar a la supuesta abogada. Le dije que los hermanos de Lolita me habían amenazado de muerte por haber ayudado a rescatar al pequeñito. Le aclaré que sabía que tal vez Lolita también es una víctima, pero que no me corresponde determinarlo. Le dije que si realmente querían ayudarla a recuperar al bebé la apoyaran para que se rehabilitara y, entonces, llevaran a cabo el proceso legal para recuperar al pequeño.

La abogada jamás volvió a llamar. Lolita está embarazada nuevamente y sigue en el mismo lugar pidiendo limosna.

Tabata: celebrar la vida después de conocer la miseria humana

La mar es la inexorable noche social en que la penalidad arroja
a sus condenados. La mar es la inmensa miseria. El alma, naufragando
en este abismo, puede convertirse en un cadáver. ¿Quién lo resucitará?
VICTOR HUGO

El 12 de octubre de 2016 nació Tabata Varenka. Llegó a este mundo
como cada pequeña debe hacerlo: llena de amor, protección, ternu-
ra, respeto. Tabata vivía con su mamá y su pareja sentimental. En
ocasiones, cuando la mamá de la pequeña se lo solicitaba, María del
Rosario —"Cony", como llamamos cariñosamente a la abuelita de
Tabi— la cuidaba. A Cony le llenaba la vida hacerlo.

En junio de 2020, Tabi le confió a su abuelita que era lastimada por la pareja de su mamá. Cony habló con su hija y le hizo
saber que no permitiera que nadie dañara a la pequeña. La ad-
vertencia disgustó a la madre de Tabata, quien decidió buscar a su
tía Lucía, la hermana de Cony, para que cuidara a la niña a cambio
de un pago. Cony dejó de tener contacto con su nieta, y cuando
le preguntaba a su hija por ella, se limitaba a decirle: "Está bien".

El 24 de agosto de 2020, el Ministerio Público fue notificado
por una trabajadora social del Hospital de Axapusco, Estado de
México, sobre el ingreso de una menor con lesiones brutales en
todo el cuerpo. El 1 de septiembre de 2020, la pequeña fue trasladada al Hospital Nicolás San Juan en Toluca, Estado de México.
El pronóstico textual fue:

Lactante con desnutrición leve, traumatismo craneoencefálico grave neumoencéfalo, infarto cerebral de hemisferio izquierdo, crisis convulsivas, contusión pulmonar izquierda, shock hipovolémico, policontundida.

Diagnóstico: paciente en estado muy grave con elevado riesgo de muerte, pronóstico malo para la función, reservado para la vida.

El caso nos llegó de manera anónima el 26 de agosto. Otra vez una pequeña intubada, quemada de la piel, lastimada severamente: su imagen es muy parecida a la que hemos visto incontables veces. En ese momento estábamos acompañando el caso de Yaz, en Puebla, y era la misma indignante imagen, la misma que vimos con Ivana Nicole en marzo de 2020, con Mónica, con Samantha, con Alexa; rostros que deberían llenarnos de vergüenza a todos.

Sandra Pacheco García, excoordinadora del Centro de Justicia para las Mujeres en la región—una de las personas que más favoreció la impartición de justicia en un municipio tan lleno de dolor y muerte como Ecatepec—tomó las medidas necesarias para que la justicia llegará a Tabi y a su abuelita y ayudó a la detención de Lucía, tía abuela de la pequeña. Sandra fue removida de su cargo a causa de los intereses personales y políticos de una pseudoactivista.

Como ya lo he mencionado, hemos acompañado muchos casos de pequeñas que mueren en diferentes hospitales a donde ingresaron tras ser brutalmente golpeadas. La mayoría no tuvo contacto más que con enfermeras y médicos, a diferencia de Tabi. Su abuela luchó, exigió y suplicó para estar cerca de ella. Cony recuerda:

Cuando la vi por primera vez sentí que moría de dolor, ahí entubada con mangueras por todos lados, en coma, con un pedacito de su cráneo deshecho, hinchada, con los ojos cubiertos. Quería morirme, que nos fuéramos juntas. Le empecé a hablar, a decirle que la amaba, que se iba a poner bien. En ese momento me apretó el dedo meñique, busqué al doctor y me dijo: "No le deje de hablar, señora". Los médicos me dijeron que se quedaría como una plantita si sobrevivía, eso me rompía el corazón.

Tabi estuvo muy grave poco más de un mes. Cuando me llamó su abuela para decirme que la darían de alta por mejoría, me quedé muda. Ambas lo estaban logrando. La visité por primera vez en su casa inmediatamente después de su alta médica, ahí estaba acostadita, no hablaba mucho, apenas y sonreía, pero Cony no perdía la esperanza de que se recuperaría.

Durante aproximadamente un mes y medio estuvo albergada en DIF mientras su abuelita acondicionaba la casa para tenerla con ella, aceptando que iba a ser muy difícil trabajar y cuidar de Tabi. Todos los días lloraba por ella.

Se la devolvieron en febrero de 2021 con una herida de una operación que le realizaron y de la cual Cony no fue notificada. La herida estaba infectada, pero la amorosa abuela volvió a sacarla adelante, sanó sus heridas y la llevó a recibir atención médica, así como a sus terapias.

El 15 de mayo acudimos a verlas, ahora con Sandra, ya no como funcionaria sino como amiga. Tabi nos recibió con una sonrisa, bailó, cantó, nos abrazó, con ese abrazo que llena de esperanza, de amor, de lecciones. Le llevamos algunos regalos: un oso de peluche más grande que ella, una muñeca, plastilina, bloques para armar. Su casa te atrapa con la energía bonita que tiene, llena de amor, de inocencia. Esa casa rebosa de lo que nos falta en muchas: amor incondicional y lucha constante.

El 18 de mayo de 2021 regresamos a visitarlas y conocimos más a detalle las dificultades que enfrenta Cony: debe llevarla a terapias que cuestan 500 pesos, ir a las audiencias, no cuenta con un automóvil, lo único que le otorga la Comisión de Atención a Víctimas del Estado de México (CEAVEM) es un pequeño apoyo para trasladados. Es aquí donde viene la reflexión para todos, incluida quien redacta: Tabata no está muerta. Cuando compartimos una foto de las tumbas de Lupita, César y Estrella, los comentarios son infinitos, las reproducciones miles y miles. Nos escriben preguntando cómo pueden apoyarnos llevando dulces, flores y juguetes a nuestros bebés asesinados. Es muy valioso, pero Tabi está viva, no se murió como todas nuestras niñas.

Es una realidad que no se contempla la posibilidad de que estas pequeñas sobrevivan, por eso no tienen apoyos para su rehabilitación por parte de las autoridades. Aunque Tabi es una pequeña víctima de violencia de género, una sobreviviente de intento de feminicidio, al estar viva deja de ser importante.

En casos como éste, nos encontramos con que no hay continuidad en el seguimiento por parte de dependencias como el DIF estatal, nacional o municipal. Tampoco de la Secretaría Ejecutiva del Sistema Nacional de Protección de Niñas, Niños y Adolescentes #SIPINNA. Nadie ayuda a las pequeñas sobrevivientes como Tabi, quien debería estar siendo atendida por todos, incluidos nosotros como sociedad. Ese 18 de mayo realizamos una transmisión en vivo a través de nuestras redes sociales donde solicitamos el apoyo de la comunidad para Tabi y su abuela, para que coma bien, siga siendo atendida como hasta ahora por su abuela, acceda a las terapias de rehabilitación que requiere, tengan ropa y otras cosas para hacer mejor su vida.

Afortunadamente, la respuesta fue muy favorable. Todos los apoyos económicos y en especie le fueron entregados a Cony. Cada persona que con amor y empatía ayudó lo sigue haciendo: aportan su grano de arena para que esta pequeña florezca y algún día olvide a quienes la dañaron, porque tristemente lo recuerda todo. Sabe la causa de cada una de sus cicatrices y, a pesar de ello, siempre sonríe.

Después de solicitarlo infinidad de veces a la Comisión de Atención a Víctimas del Estado de México, su titular, la maestra Carolina Alanís, llevó ante el Consejo el caso de Tabata, logrando que se le otorgara un apoyo mensual de canasta básica, dinero que ayuda a Cony a estar más tranquila para continuar sacando adelante a Tabi. Además, la pequeña recibe sus terapias en un CRIT de Teletón. Hoy tiene un pronóstico de vida favorable.

Quisiera transmitir y compartir con ustedes el sentimiento que ella nos regala en cada encuentro: su fuerza, coraje y amor por la vida. Su existencia hace que cada una de las lágrimas que hemos derramado a lo largo de los años valgan la pena. Lo demás son nimiedades.

El sábado 16 de octubre de 2021 festejamos, con mucho amor, el cumpleaños número cinco de Tabata. Todos los días recibo en mi celular notas de voz grabadas por ella, donde nos dice cuánto nos ama a Daniel y a mí. Esos mensajes me mantienen cuerda, lúcida, agradecida y fuerte para seguir luchando por ella y todas las pequeñas que nos necesiten.

Tabata acudió junto a una decena de niños huérfanos a nuestra marcha del 3 de noviembre, #DíaDeMuertas. Caminó al lado de muchos pequeños, entre ellos Regina, una pequeña de dos años que fue arrebatada de los brazos de su madre de manera violenta cuando tenía cinco meses; con nuestro apoyo, pudo rescatarla. Estas son las recompensas reales: ver vivas a pequeñas que sabemos que harán cosas muy importantes en este mundo.

Charlotte y sus hijas: una nueva oportunidad de vivir

Para las personas oprimidas es importantísimo saber que no están solas.
Nunca dejen que nadie les diga que lo que ustedes hacen es insignificante.
DESMOND TUTU

Desde 2020, acompañamos y protegemos a Charlotte, una madre joven, y a sus dos hijas. Cuando las conocí, las pequeñas tenían tres y cuatro años. De inmediato comprendí que al estar en peligro de muerte inminente habían desarrollado una gran resiliencia.

Charlotte se había separado del padre de las niñas algún tiempo atrás e iniciado una nueva relación con un hombre algo mayor que ella. Al entablar este vínculo, ella desconocía si su compañero sentimental tenía o no amistades cuestionables. Por diversas razones, días antes de los hechos que relataré, ella había decidido poner fin a la relación y continuar la vida sola con sus hijas.

El 8 de noviembre de 2020 se difundió a través de medios locales el hallazgo del cuerpo de un hombre en una zona del Estado de México, donde la violencia, como en muchas otras entidades del país, escala de forma alarmante. La víctima había sido brutalmente asesinada.

Días después de este hecho, me hicieron llegar por redes sociales una solicitud para compartir los volantes de búsqueda de una madre y sus pequeñas hijas. De inmediato pregunté por la situación de las niñas —les dije niñas porque la madre no rebasa los veinticinco años—. Compartí las cédulas en mis redes sociales y, días después, me enteré de que la pareja sentimental del hombre brutalmente asesinado era Charlotte.

Una serie de asesinatos, entre ellos un feminicidio, se desataron en la zona mientras que Charlotte y sus hijas continuaban desaparecidas. Permanecieron una semana en cautiverio. Durante ese tiempo temíamos lo peor, pero afortunadamente fueron liberadas. Me notificaron y fui en su búsqueda. Luego de dar su declaración, Charlotte fue puesta en custodia como testigo protegido. Desde ese momento me mantuve cerca de ella y de sus pequeñas. Los volantes de búsqueda mantuvieron el estatus por seguridad de las tres.

Afortunadamente, los implicados en esa ola de crímenes y en el secuestro de Charlotte y sus pequeñas ya fueron sentenciados. Ellas estuvieron casi bajo mi resguardo durante ese tiempo; diversas instituciones me apoyaron para darles atención integral y mantenerlas a salvo. Cuando Charlotte pudo salir sin riesgo del lugar donde estaba refugiada, llevó a las pequeñas con su papá, un hombre joven, aparentemente bueno, que decía amarlas mucho. Me avisó que las niñas estaban con él y que solicitaría su guarda y custodia. Charlotte estaba de acuerdo, esperaba otro bebé y confió en que sus hijas estarían bien con su padre, pero no fue así.

El padre de las pequeñas no trabaja ni estudia y es solapado por sus padres. Tenía el hábito de beber, y cada que lo hacía llamaba a Charlotte para insultarla y humillarla, recordándole que él tenía la custodia de las niñas y amenazando con que, si él lo decidía, ella no las volvía a ver.

Un día de septiembre 2021, Charlotte me llamó muy tarde para decirme que el padre de las pequeñas estaba tomando, que no quería recoger a las niñas aun cuando ambas ya se querían ir con él. Yo estaba en la diligencia de una pequeña desaparecida a muchos kilómetros de distancia. Me tuve que trasladar lo más rápido posible para recoger a las pequeñas y llevarlas con la familia de su padre, pero no lo encontré.

Al día siguiente, él me llamó para disculparse. Le advertí que si volvía a tomar alcohol sin preocuparse por sus hijas, se las quitaría y lo denunciaría ante el DIF. Se mantuvo sobrio poco tiempo. A mediados de octubre de 2021, Charlotte me hizo saber que nuevamente estaba borracho. Intenté hablar con él y no fue posible comunicarme, por lo que al día siguiente acompañé a Charlotte a recogerlas. Entonces, ella me compartió que se cambiaría de casa y que no podía quedarse con las niñas. Lo comuniqué a las autoridades correspondientes y las pequeñas se fueron con mi esposo y conmigo a casa ese fin de semana.

No llevaban nada, por lo que pasamos a comprar lo necesario para su estancia. Tenerlas a nuestro cuidado fue muy estresante y, al mismo tiempo, una aventura llena de amor. Volvimos a ser padres por unos días. Cuidaba que se bañaran todos los días, las peinaba y platicábamos mucho con ellas. Lo que íbamos descubriendo nos llenaba de dolor y enojo, así como de una gran necesidad de protegerlas. Ese fin de semana que las niñas estuvieron en casa, su padre compartió con sus amigos que se encontraba en Acapulco festejando su cumpleaños.

Como consecuencia de lo que las niñas nos contaron y de lo que yo misma había visto de ambos padres, me vi obligada a interponer una denuncia contra los dos. Era la única manera de que el DIF pudiera intervenir para que las niñas fueran evaluadas sin ninguno de los padres presente. La partida nos dolió mucho. Ver llorar a Charlotte una vez más me rompió el alma, pero también fue una manera de moverla a ser más consciente. Sé que las ama, pero debe aprender a cuidarlas y protegerlas más, a pensar en ellas antes que nada, incluso antes de sus propias necesidades.

Sabemos que su vida será distinta y que en algún momento podrán salir sin miedo a hacer lo que tanto disfrutan, como observar a los patos, montar a caballo, comer salchichas y peinar mi cabello, como le gusta hacerlo a la más pequeña. Con este caso reafirmamos lo que para nosotros ha sido una enseñanza de vida: debemos sacrificar todo para salvar las vidas de mujeres, bebés, niñas, niños y adolescentes.

Me gustaría que la historia de las pequeñas de Charlotte nos ayude a comprender que no es necesario que sean nuestras hijas para defenderlas contra lo que sea, contra quien sea; que no necesitan ser de tu familia para dejarlo todo por ellas. La gratificación nos alcanzaba cuando, al vernos llegar, corrían a abrazarnos y ayudarnos a bajar la poca despensa que llevábamos para ellas; al observar sus caritas de felicidad cuando jugábamos con ellas a las atrapadas; cuando nos mostraban con tristeza el lugar donde habían enterrado a un pajarito que cayó de un nido y no pudieron salvar. Mis bebas que, por fortuna, existen y nos han dado grandes lecciones. Están vivas y así seguirán porque no permitiremos que las lastime nadie más.

Me preocupa sobremanera ver cómo los padres de los pequeños anteponen sus ganas de ir de fiesta, de beber alcohol o fumar mariguana al compromiso de amarlos, respetarlos y protegerlos. Esas actitudes marcan, generalmente, el inicio de una violencia pasiva que luego se transforma en activa: gritos, golpes y hasta el asesinato de pequeños y pequeñas que, lejos de ser amados, son aniquilados por las más diversas sinrazones. Son padres omisos, incapaces de prever las consecuencias de sus acciones o inacciones y que, en casos extremos, llevan al hospital al pequeño o pequeña que ellos mismos violentaron, creyendo que los médicos no notarán el maltrato; o los denuncian como desaparecidos, pensando que cuando los encuentren las autoridades no sabrán que ellos fueron los responsables.

¿Qué hacer ante esta realidad? Si te trata de padres jóvenes, los adultos que los criamos necesitamos retomar la guía, reeducarnos para reeducar a nuestros hijos. Como sociedad nos corresponde trabajar, aprender qué hacer ante la violencia, visibilizarla y concientizarnos. Evitar, en la medida de lo posible, que los pequeños sean víctimas de violencia, enseñarles que son valiosos y los demás también. Sé que soy repetitiva, lo hago conscientemente: aquí está una vez más el llamado a la sociedad para que dejemos de permanecer omisos ante la podredumbre humana. Estoy segura de que sólo de esta forma lograremos mayor atención de las autoridades para evitar que sigamos encontrando más niñas y niños sin vida, que son desechados como basura.

Cuidemos de nuestra niñez, seamos conscientes de que los mejores regalos que podemos darles son seguridad, amor, juegos, sonrisas, cuidado y protección, sean o no nuestros hijos; que debemos actuar desde donde podemos hacerlo sin esperar a que un caso se vuelva viral o que alguien más lo realice por nosotros.

Valentina: Brenda no es culpable

La lengua es como un cuchillo afilado:
mata sin mostrar sangre.
BUDA

El 29 de agosto de 2018 se cumplieron dos meses de que Vale fue violada y asesinada. El dolor y el tormento, así como el sentimiento de culpa, dificultan que Brenda, su mamá, logre comprender lo sucedido el 26 de junio de 2018.

Valentina García Chávez, desde su concepción, fue una niña deseada, amada y, por supuesto, esperada por sus padres. Bren, su mami, se realizaba ultrasonidos periódicamente para asegurarse de que la bebé estuviera bien. Ansiaba verla, abrazarla, besarla.

El 29 de enero de 2014, a las 15:19 horas, por fin nació. Era una pequeña con enormes ojos negros y piel del color de la canela. Desde que supo de su existencia fue lo mejor de la vida de Brenda. Ella cuenta que iba a ponerle otro nombre—Alexa Michell, por su papá—pero fue como si Valentina hubiera elegido cómo llamarse; cuando cayeron en cuenta, Brenda ya la había registrado así. "Y sí, mi niña era una valiente", recuerda.

La vida de Brenda y Valentina se desarrollaba en el centro de Morelia, en Michoacán. Por diversas situaciones, los padres de Vale se separaron. Lo hicieron en buenos términos: "El mejor papá que pudo tener mi niña fue él, nunca la lastimó. La amaba…

la amábamos. Aunque preferimos separarnos, la relación como padres no la perdimos", recuerda la joven madre.

Brenda salía a trabajar mientras que la pequeña Valentina se quedaba en la guardería. La vida no era sencilla; Brenda hacía lo que estaba en sus manos por salir adelante con su nena de cabello rizado y ojos grandes. Valentina sonreía mucho desde pequeña, era feliz, cantaba, reía, jugaba y sabía que era amada. "Siempre quise darle lo mejor, le compraba cosas muy bonitas. Los mejores momentos de mi vida los pasé con ella".

En julio de 2017 Diego llegó a su vida. Brenda trabajaba en una tienda de conveniencia y él era chofer de una empresa que surtía al comercio. Así se conocieron y, tiempo después, iniciaron una relación. Los primeros meses fueron tranquilos. Lo que Brenda veía en él le gustaba: "Era muy amable, muy lindo conmigo y con mi niña. No vi una señal de que fuera un mal hombre". En marzo de 2018 empezaron a vivir juntos y todo cambió.

NOTA: Antes de continuar, quiero pedirte que no juzgues ni responsabilices a Brenda por lo que relataré. Diego es un hombre violento, un manipulador experto, un seductor. Los hombres con características como las suyas suelen hacer bombardeos de amor con sus víctimas hasta que ellas les tienen confianza y bajan sus defensas. Después comienzan de a poco a maltratarlas verbal y hasta físicamente, primero de una forma sutil, luego con total descaro; para entonces, la víctima se encuentra totalmente vulnerable e insegura. En este proceso, este tipo de hombres continúan siendo encantadores con el entorno de la víctima. Así, si ella llega a quejarse o a expresar dudas, no le creen: "No entiendo por qué te quejas, es tan lindo, seguro interpretas mal las cosas".

Diego empezó por aislar a Brenda de su círculo cercano: familia y amigos. En una ocasión, rompió su celular en un arranque de celos. Desde que empezaron a vivir juntos, él le pidió que se quedará en casa, le dijo que se encargaría de los gastos y a ella le pareció bien, pues podría estar más cerca de Valentina. Como parte de su estrategia de aislamiento, se las llevó a vivir a los suburbios de Morelia, alejándola de su familia. Cuando Brenda cayó en cuenta, ya no tenía contacto con nadie por miedo de que Diego se enojará, pues al hacerlo, la golpeaba. "Le tenía mucho miedo, prefería hacer lo que pidiera con tal de que no lastimara, principalmente, a mi niña".

El sujeto, además, era inestable en sus empleos. En el tiempo que Brenda y Valentina vivieron con él, Diego cambió de empleo por lo menos en cuatro ocasiones. Los dos últimos meses subsistieron con lo que le habían dejado sus liquidaciones, pero era muy poco dinero y no alcanzaba para nada. Brenda tuvo que volver a trabajar, pero por la falta de recursos no podía tener a Valentina en la guardería como antes.

Tenía que trabajar, Frida, no podía dejar a mi hija sin comer. Aunque eso a Diego no le gustaba nada. Mi plan era dejarlo y él lo sabía, lo intuía. Los últimos días me decía que ya no era la misma, y era verdad; no quería estar a su lado, la violencia era demasiada y tenía mucho miedo. Se había encargado de alejarme de todos y yo tenía que encontrar cómo dejarlo.

El 26 de junio de 2018 Diego y Valentina llevaron a Brenda a su trabajo alrededor de las doce. Era su segundo día y, aunque ella no se sentía cómoda con ello, la pequeña se quedaría al cuidado de Diego. No tenía una alternativa. Pensaba pedirle a su jefe que le permitiera llevar a su bebé, pero acababa de entrar. Brenda recuerda ese día como el peor de su vida. En medio de su jornada laboral recibió una llamada. Era la hermana de su pareja: "Brenda, tienes que venir, Vale se cayó y Diego la va a llevar a la clínica que dijiste en caso de que la picara un alacrán".

> Sentí algo muy feo, sabía que no estaba bien. Como no tenía dinero, mi jefe me dio para irme y tomé un taxi. Al llegar al hospital, me dijeron que mi niña se había caído. Diego estaba ahí y, como si le importara, me dijo: "Todo va a estar bien mi amor".

Debido a la gravedad del estado de salud de Valentina, la nena de sólo cuatro años fue trasladada al Hospital Infantil de Morelia. Allí, en terapia intensiva, Brenda por fin pudo verla: tenía oxígeno. La pequeña la reconoció y empezó a balbucear, no podía hablar, sólo gemía y suspiraba como si se le escapara la vida. Desde ese momento Brenda ya no se separó de ella. El personal médico la cuestionó, querían responder qué había pasado, cómo, quién estaba con la niña, por qué ella no estaba, por qué la había dejado con Diego.

> Ahí fue donde supe. La vi toda lastimada, pero los doctores me dijeron lo que no se veía. Tenía tres fracturas en el cráneo, el hígado desecho, fractura en la cadera, hemorragia interna, golpes en todo el cuerpo, mordidas. Me preguntaron qué había pasado, una vez más les dije que no sabía, que yo estaba trabajando. Desde ese momento no quise ver a Diego, pero tuve que fingir para que no sospechara. Solicité la intervención de un abogado del hospital, quien le preguntó a la trabajadora social si ya habían notificado a las autoridades, la trabajadora aseguró que sí.

La familia de Brenda, el padre biológico de la niña, su abuelita y tíos pidieron cuentas de los hechos. Comenzaron a cuestionar a Diego, le preguntaron qué había pasado, pero él no dijo nada, entonces lo golpearon. Brenda salió momentos después, dice que cuando lo vio en el suelo tirado y lleno de lodo él le lanzó una mirada de odio: "Fue la última vez que lo vi".

El agresor fue detenido por riña. Brenda fue trasladada al Ministerio Publico para interponer su denuncia. Ya eran las seis de la tarde del 28 de junio. Al formular su denuncia, le comunicaron que el hospital nunca notificó los hechos. Salió al siguiente día a las seis de la mañana. En esas doce horas continuaron los interrogatorios, ahora con la autoridad judicial: "Para ellos yo era la culpable, así me trataron". A la una de la mañana, aproximadamente, Brenda escuchó que su bebé había perdido la batalla. Fue trasladada al departamento de feminicidios, pero no había quién la atendiera. Las autoridades decidieron trasladarla al hospital para que se despidiera de su pequeña.

Brenda sólo estuvo por ratos en el funeral de su niña, su única hija, pues debía continuar su proceso de denuncia con las autoridades. La llevaron a delitos sexuales:

> Fue cuando supe que Diego la había violado; estaba rota, llena de dolor por mi bebé y de culpa. La investigadora me dijo: "Dime la verdad, ¿sabías que él la violaba? O me dices o a la que me voy a chingar es a ti, porque eres a quien tenemos aquí". La ministerio público que estaba tomando la declaración no me dejaba ver lo que escribía. Mientras estaba declarando, me di cuenta por algo que dijeron que Diego había sido liberado.

Desde entonces Diego está prófugo y Brenda llena de dolor y culpa.

Las lágrimas de Brenda no cesan. La culpa es una loza que duele y pesa cargar, así como el sufrimiento por ser cuestionada por las autoridades, juzgada por una sociedad indolente, atacada por la familia de Diego, que lejos de permitir que haya justicia, lo ayudan a que permanezca libre, sin comprender que cualquier pequeña que esté cerca de él, incluidas sus familiares, corre peligro.

Diego es el presunto feminicida de Valentina para las autoridades; para quienes lo engendraron, sus padres, es inocente, tanto que lo protegen. Para Brenda es el violador y asesino de su hija. La impotencia ante la impunidad de su caso la llevó a compartir la imagen del sujeto para tratar de ubicarlo, pero tuvo que parar su iniciativa al entender que el tipo también tiene derechos que deben ser protegidos. Brenda nunca había hablado con un medio hasta el 25 de agosto que lo hizo con nosotros: "Porque quiero justicia, porque necesito que la gente me ayude a encontrar al responsable para hacerle justicia a mi bebé".

Las noches de Brenda son interminables, casi no duerme. Ella ha sido cruelmente juzgada por quien no quiere entender que el único culpable es Diego:

> Sé lo que piensan, yo misma lo pienso, debía estar ahí, no irme a trabajar, pero también tenía que juntar dinero para escapar, para dejarlo. Hoy mi amiga, mi compañera, mi vida entera ya no está, y no pararé hasta verlo en la cárcel, hasta no ver que pague todo el daño que le hizo a mi pequeña.

La vida de una niña de cuatro años fue arrancada por la ira, por el deseo de un sujeto que la tomó porque así lo decidió, porque fue la venganza contra quien lo iba a dejar, porque en este país se puede, porque la impunidad impera, porque en este México la única culpable es la víctima, en este caso la madre, quitando responsabilidad a quien con total impunidad comete estos inconcebibles crímenes.

Cada vez que nos llega la noticia de que una pequeña o pequeño ha sido asesinado, me gustaría tener todo el dinero del mundo para trasladarme a cada rincón de este México y ayudar a que haya justicia, pero, sobre todo, quisiera ser capaz de detener la barbarie. Cuando me llegan casos desde el anonimato, pienso: "Otra vez tengo ante mí lo inevitable: la impotencia, la vergüenza, el cuestionamiento. ¿En qué nos hemos convertido? ¿Qué estamos haciendo como adultos?" Es en serio: debemos entender y exigirnos como sociedad y a las autoridades. Ni una más.

Mis lágrimas caen como lava que me quema, lloro porque no entendemos que las culpables nunca son las víctimas. Tenemos la costumbre de culpabilizar a las víctimas, es lo más fácil. En el caso de Valentina, se culpa a su madre, pero cuántas veces no hemos escuchado o leído cuestionamientos del tipo: "¿Cómo no se dio cuenta? ¿Por qué no estaba pendiente? ¿Por qué la mando a la tienda, si sabe cómo están las cosas?" Lo hacemos sin ser conscientes (quiero pensar) de que estas preguntas justifican, quitan la responsabilidad del perpetrador.

La sociedad parece no tener el más mínimo interés de involucrarse más allá de recriminar por redes sociales la enorme violencia que vivimos. Muchos de los adultos cercanos a los bebés, niñas, niños y adolescentes violentados conocían o, por lo menos, habían escuchado que ese pequeño sufría de violencia. Ante esa realidad, optaron por callar, en el mejor de los casos, o —en el peor— unirse a la violencia ejercida contra la niñez.

Vale era una niña feliz, con hermoso cabello chino y ojos sublimes. Tenía una sonrisa contagiosa, era muy inteligente, sabía escribir a sus cuatro años. Le gustaba que mamá le oliera los pies y se los besará. Decía que era Moana. Su palabra favorita era familia y su color predilecto el rojo. Unos días antes de los infames hechos empezó a hablar de Dios, a pesar de que Brenda no se lo había inculcado, y hoy ese es el consuelo de esta madre: pensar que su pequeña está con Dios.

Ivanna Nicole: sólo tenía tres años

El sábado 14 de marzo de 2020, un poco antes de las nueve de la mañana, una persona me arrobó en Twitter. Me daba a conocer una nota del reportero Isidro Corro sobre el lamentable estado de salud de una pequeña de tres años, hospitalizada en el Hospital Regional Tecámac 200 en el Estado de México,.

De inmediato me puse en contacto con Isidro, quien amablemente me envió su nota completa. Tras leerla, establecí comunicación con las autoridades de Ecatepec, específicamente con Sandra Pacheco García, la entonces coordinadora del Centro de Justicia para la Mujer (CJM) del municipio. Sandra hizo las indagatorias para saber cuál era el estatus de la carpeta de investigación. Me comunicó que, de hecho, no se había abierto una investigación.

Informé del asunto a la maestra Dilcya Samantha García Espinoza de los Monteros, fiscal central para la Atención de delitos vinculados a la violencia de género del Estado de México. Ella hizo las gestiones correspondientes y fue así como el fiscal general de la entidad giró la orden para que la carpeta fuera enviada al Centro de Justicia para la Mujer de Ecatepec. Mariela Gutiérrez Escalante, la alcaldesa del municipio, dio a conocer el caso de la pequeña internada a través de redes sociales y aparentaba estar interviniendo para dar con los responsables del estado infame en que se encontraba Ivana, pero la realidad es que no se había hecho nada al respecto.

Ivana Nicole nació a las 21:40 horas del 12 de febrero de 2017 en el Estado de México con un chino en la cabeza, según recuerda su madre. La nombraron Ivana por Iván "el Magnífico", zar de Rusia en el siglo XVI. Dicen que eligieron ese nombre por la fuerza que percibían en él, la fuerza que tanto la madre como la tía de la pequeña veían en ella. De cariño le decían Coco.

La madre de Ivana y Fernando, su padre, nunca vivieron juntos. Cuando la pequeña tenía cuatro meses y medio, los padres llegaron al acuerdo de que viviera con su papá y su familia; él había demostrado ser un buen hombre y un buen padre. La nena se mudó y Maribel, su abuela, se encargó de ella. Ivana continuó su desarrollo en la casa paterna. Creció rodeada del amor de su abuela y sus tíos. Su mamá acudía a verla cuando descansaba en el trabajo; ella le daba dinero a Fernando para la manutención de la pequeña.

Todo parecía ir bien hasta que algo sucedió a mediados del 2018. Fernando se fue de casa después de una discusión con su madre, Maribel, y se llevó a Ivana. Legalmente, la abuela no podía reclamar a la menor; sólo su progenitora tenía derecho de pelear la custodia. Durante año y medio ni madre ni abuela tuvieron noticias de Ivana. Fernando se negó muchas veces a decirles dónde y con quién vivía.

Tiempo después supieron que se había unido a Yatzareth, una mujer de veintinueve años y madre de dos pequeños que vivía en Zumpango, Estado de México. En ese lugar inició el infierno de la pequeña, un infierno que la madre y abuela ignoraban. Maribel comenta:

Cuando queríamos hablar con la niña, él nos decía que no estuviéramos chingando, que la estaba bañando o que estaba dormida. Las pocas veces que logré hablar con ella, la ponía en el altavoz. Todavía pude escucharla el día de su cumpleaños. Le pregunté cómo se portaba y la madrastra de inmediato contestó que mal.

Vecinos cercanos al domicilio ubicado en Circuito Villas de Zumpango interpusieron más de una vez denuncias por maltrato ante el Sistema Municipal, el DIF de la localidad; la institución nunca hizo nada por atender el llamado de los vecinos que reportaron los golpes, el llanto y las súplicas de Ivana al ser violentada tanto por Fernando, su padre, como por Yatzareth, la madrastra. Denunciaron también la complicidad de los padres de Yatzareth, Jesús y Celsa, pero nadie hizo nada. Dejaban a la pequeña en la intemperie en el frío. Era golpeada a diario. La encontraban buscando comida en la basura de los vecinos. Vivió esa imparable violencia durante año y medio, un tiempo lleno de terror. Nadie se explica la razón de la inacción de las autoridades.

El 12 de marzo de 2020 su padre la llevó al médico. La doctora de un consultorio de Farmacias Similares le informó que la niña cursaba una infección severa que hacía que su condición fuera grave; un día después, Fernando la ingresó en el Hospital Regional de Tecámac, en el Estado de México. La niña presentaba un cuadro de septicemia, con riesgo de tener un shock tóxico por las exotoxinas de estafilococos o estreptococos, todo esto derivado del síndrome de Kempe.

NOTA: He mencionado en capítulos anteriores este síndrome de Kempe, pero quisiera hacer una pausa para explicar, a grandes rasgos, qué es. El síndrome de Kempe, también conocido como síndrome del niño maltratado (SNM), es una forma grave de maltrato infantil consecuencia de violencia doméstica. Es una entidad pediátrica y medicolegal que se acompaña de daño físico o psicológico infligido a un menor mediante agresiones reiteradas, provocadas por uno o más adultos que son responsables de la víctima. El conocimiento adecuado de los criterios para categorizarlo es sumamente útil para que el personal médico pueda identificarlo y denunciarlo.

El 14 de marzo de 2020 me enteré de un sinfín de historias vinculadas con la inatención a la pequeña Ivana. El Centro de Justicia para la Mujer de Ecatepec había intervenido y la maestra Dilcya Samantha García Espinoza de los Monteros había atraído el caso. La trabajadora social Dania Zarate Roa, representante del DIF de Tecámac, institución que afirmaba haber dado seguimiento al caso, se presentó en el hospital el 13 de marzo, aproximadamente a las 18:00 horas. Permaneció allí hasta el 14 de marzo, cuando fue relevada a las 12:00 horas por Thania Abigail Castro Aguilar, asesora jurídica de la institución, quien se mantuvo en el nosocomio hasta las 19:00 horas. Marco Antonio Vázquez Cerón, procurador de DIF de Tecámac, se comprometió a estar en el hospital a las 22:00 horas; sin embargo, no llegó sino hasta las 02:00, luego de recibir insistentes llamadas de la coordinadora del CJM Ecatepec solicitando su presencia. Era indispensable que estuvieran allí permanentemente, pues la institución había asumido la tutela de la menor.

Por su parte, la licenciada Carmen Alejandra Lozano Maya, agente del Ministerio Público adscrita a Ecatepec, en Tecámac, inició la carpeta de investigación. Ella tuvo en su oficina a Fernando y Yatzareth, quienes rindieron su declaración, y los dejó en libertad a pesar de conocer el grave estado de la menor.

Enterada de la situación, de las omisiones, de la falta de acción y del desinterés, acudí en compañía de la licenciada Sandra

Meri, trabajadora social del CJM de Ecatepec, y de la asesora jurídica del DIF, Thania, a ver a la pequeña Ivana Nicole. No puedo ni describir la cantidad de lesiones que presentaba, signos evidentes de una violencia sistemática ejercida sobre su pequeño cuerpecito, sobre su mente, sobre sus emociones.

Estaba en la cama 5 del Hospital Regional de Tecámac. A pesar de todo el maltrato, la pequeña luchaba por su vida. Tenía heridas de diferentes momentos en los brazos, el abdomen, las piernas. Los dedos de sus pies estaban fracturados, su piel abierta por el frío al que era expuesta. El altísimo grado de desnutrición era evidente. Su carita estaba llena de marcas, moretones. Le arrancaron los lóbulos de las orejas. Tenía una herida en el labio vaginal derecho. Cicatrices arriba de las cicatrices, heridas de dolor, de desprecio, de inexplicable odio que llevó a esos infames a ensañarse con una bebé de tres años. El domingo, a las 7:40, Ivana perdió la batalla.

En la madrugada del 15 de marzo de 2020, Celsa y Jesús, padres de Yatzareth, fueron detenidos por cohecho. Los hijos de la mujer fueron puestos a disposición del DIF de Zumpango, donde son albergados hasta el momento. El 17 de marzo, a las 5:00 horas, se liberó la orden de aprehensión contra Fernando, Yatzareth, Celsa y Jesús por delito de feminicidio. Fernando y Yatzareth continúan prófugos.

La alcaldesa Mariela jamás piso el hospital, ni hizo nada para ayudar a la pequeña, ni presionó para mantener en cautiverio a sus agresores; pero sí se dedicó a revictimizar a la pequeña antes y después de su muerte, publicando fotos de la víctima en el hospital, mismas que fueron tomadas por la asesora jurídica del DIF. No, no habían hecho nada con la carpeta de investigación en Tecámac hasta que la "activista liosa" —yo— se entrometió. Desde que tuvieron conocimiento de los hechos por las denuncias interpuestas jamás intentaron salvar a la niña; la omisión del Sistema para el Desarrollo Integral de la Familia de Zumpango costó muy cara.

El 17 de marzo de 2020, a las 15:00 horas, fue sepultada Ivana Nicole "la Chinita", "Coco". Tres días antes la había visto viva en el hospital, ahora estaba dentro de una pequeña caja blanca rodeada de flores del mismo color. Al estar frente a ella no pude más que llorar y decirle: "Perdónanos, Nicole".

Una vez más, las autoridades pudieron evitar el asesinato de la pequeña, pero no les importó hacerlo. La alcaldesa, miserablemente, usó el dolor de una pequeña a la que atendieron por "humanidad" para autopromocionarse; sobre las omisiones del DIF Zumpango ya lo he dicho todo. Son corresponsables de lo sucedido.

Agradecemos a los vecinos que reportaron la violencia que sufría Ivana Nicole. Como ya lo expresé, reprobamos la omisión de las autoridades de Zumpango, el actuar del municipio de Tecámac al tener a su disposición a los perpetradores y dejarlos en libertad; rechazamos con contundencia y nos indigna la falta de ética de la alcaldesa al hacer públicas las imágenes de la víctima en el hospital.

No sé tú, pero yo ya me cansé de sólo documentar nombres y de aplaudir cuando un asesino es sentenciado. Deseo con toda la fuerza de mi corazón que nunca más se nos arrebaten nuestros pequeños, pero sé que hoy mi deseo no tiene lugar en esta aplastante realidad: es una utopía.

Es importante recordar cada día que la mayoría de los que violentan a infantes son reincidentes. Muchos de ellos han sido denunciados y hasta sentenciados por violación, con fallos judiciales ridículos que les permiten continuar infligiendo violencia contra mujeres, niñas, niños y adolescentes. Luego de tres, seis o diez años son puestos en libertad sin ser fichados como agresores sexuales, sin que las autoridades hagan un seguimiento puntual de sus acciones al reinsertarse en la sociedad. Las autoridades deben comprometerse y crear un registro público nacional de agresores sexuales y maltratadores infantiles para evitar que estos infames lastimen a más seres indefensos.

Y vuelvo a lo mismo, a lo que digo en cada capítulo de todas las formas que puedo: nos hemos convertido en seres indiferentes, en entes, en zombis. Somos la sociedad deshumanizada, como diría Erich Fromm: vivimos cada vez más enfrascados, ni siquiera en nosotros mismos, sino en abstraernos del mundo real para habitar una realidad virtual que, lejos de ayudarnos, nos deja cada vez más huecos, insensibles, indiferentes, distraídos y enajenados. Hay tanto ruido que preferimos no pensar, no ver, no cuestionarnos, no intentar entender cuál es el fondo de todo esto.

En 2016 inicié un trabajo con el objetivo de dar a conocer las historias de las mujeres y niñas que nos eran arrebatadas en México. Comencé con un registro diario de estas pérdidas y las di a conocer en mi "Columna rota", donde se imprimieron las historias de las víctimas, contadas por sus familias, quienes nos autorizaron para compartirlas. Con base en ese material, en las investigaciones que realizamos desde FridaGuerrera, publicamos en 2018 el libro *#NiUnaMás*. Ese hecho marcó un parteaguas en mi vida personal y profesional.

A partir de 2019, el tema del feminicidio en México cobró relevancia en los medios de comunicación. Muchos, empezaron a compartir, a hablar de estas historias de violencia y dolor, y lo aplaudimos; el silencio es cómplice. Sin embargo, falta mucho— muchísimo— por hacer en lo personal y lo colectivo.

Cierro el capítulo con unas palabras de la madre de Ivana: "Mi hija fue una niña hermosa que sólo quería jugar y ser amada. En donde estés, mi amor, descansa en paz. Ya todo pasó, ya todo acabó, Coco, Coquito de mi vida. Te amo, Coco".

¿Dónde quedaron los nombres de las mujeres doblemente asesinadas el 8M?

Miente, miente, miente, que algo quedará.
Cuanto más grande sea una mentira, más gente la creerá.
JOSEPH GOEBBELS

Iniciamos con la documentación de los casos registrados por la prensa en todo el país en febrero de 2016. En abril del mismo año, no me parecía suficiente sólo "contar" casos y documentarlos. Sabía que tenía que hacer más, así que busqué a la primera "voz de la ausencia": Blanca Estrada, madre de Dianita, de once años, asesinada en Monclova, Coahuila, el 21 de abril de 2016. Desde entonces, nuestro principal objetivo ha sido acompañar a las "voces de la ausencia": más de cien familias de mujeres y niñas víctimas de violencia, desaparición y feminicidio.

Desde hace varios años, hemos recibido todo tipo de descalificaciones, desacreditaciones y amenazas de muerte. No me considero merecedora de esto. No espero nada a cambio, pero sí creo en la gratitud, en la lealtad, en no morder la mano que sostuvo con fuerza la tuya para exigir que fueras escuchada.

Uno nunca se acostumbra a esto a pesar de que nuestro trabajo ha sido atacado y descalificado desde hace catorce años, pero los mensajes más ofensivos que he recibido han llegado a partir de 2017, cuando un sujeto inició una campaña de desprestigio hacía nuestro trabajo. Esta persona defendía a un presunto feminicida, señalado por las autoridades como el principal sospechoso del feminicidio de Victoria Pamela que ocurrió el 2 de septiembre de 2017 en la Ciudad de México. Desde entonces estoy adherida al Mecanismo de Protección Federal a Defensores y Periodistas.

El 14 de febrero de 2020 acudí a la conferencia mañanera del presidente. He compartido infinidad de veces mi postura ante lo que sucedió allí en diversos medios de comunicación. Mi interacción con él no fue un ataque, sino una solicitud desesperada de atención a esas familias que acompaño, abrazo y contengo todos los días.

Ese día coincidió con que un grupo de mujeres "feministas" llegaron a Palacio Nacional protestando por dos feminicidios: el de Fátima, una niña de siete años, y el de Ingrid, una mujer asesinada por su pareja sentimental de la peor forma posible. Ambos casos sucedieron en la Ciudad de México.

Al ver la intensidad con la que solicité al presidente poner atención a estas familias, ayudarlas a obtener la justicia que merecen y considerar los feminicidios y las violencias en contra de mujeres y niñas como una prioridad nacional, diversos canales de YouTube inmediatamente me vincularon con las protestantes que estaban fuera del recinto y me llamaron "líder de las encapuchadas". Me bombardearon con ataques contra mi persona a través de diferentes canales: me han acusado de ser financiada por George Soros—de quien no había escuchado hasta ese día—, por el gobierno de Arabia Saudita y un sinfín de increpaciones falsas.

El 9 de marzo de 2020 durante la mañanera, el supuesto periodista Marco Olvera me llamó "feminazi" y me acusó de pertenecer al Partido Acción Nacional (PAN), algo que me molestó mucho, pues en diversas ocasiones he denunciado a autoridades de distintos niveles de dicho partido por actos de corrupción y por favorecer la impunidad.

En octubre de 2018, luego de ser postulada—ignoro por quién—y de haber recibido la Medalla Omecihuatl, otorgada por el Instituto Nacional de las Mujeres (Inmujeres) de la Ciudad de México, el reconocimiento fue retirado después de que un "grupo" de familias con quienes había trabajado se inconformara. La entonces titular me contacto vía telefónica el día de la entrega. Me encontraba en la ciudad de Monterrey, invitada a un evento por la Universidad de Nuevo León. Mi madre y algunas familias de Voces de la Ausencia ya estaban en el recinto para recibir el reconocimiento.

La titular, Teresa Incháustegui Romero, me indicó que sería retirada temporalmente hasta recibir y corroborar la validez de las pruebas, y que en caso de que fueran improcedentes se nos daría el reconocimiento. Molesta, le hice saber que no me interesaba una medalla y que nosotros, desde FridaGuerrera, no nos habíamos postulado.

Desde 2018 hemos mantenido silencio ante los ataques. Sé que en algún momento acompañamos a algunas de las familias que se opusieron a la entrega de ese reconocimiento y, con su autorización, dimos voz a la mujer que les arrancaron. Hasta el día de hoy no he visto las pruebas que supuestamente presentaron y que la titular evaluó. Nosotros sí tenemos pruebas de sus casos, pero jamás las hemos utilizado, mucho menos lucrado con ellas, y nunca las usaríamos con un propósito diferente al de la denuncia en las instancias adecuadas; la ética, el respeto y amor por nuestro trabajo, por quienes perdieron la vida y por quienes les sobreviven no nos permitiría hacerlo. A pesar de todo, las respetamos y entendemos su dolor.

La escalada de campañas de difamación crece vertiginosamente. El 25 de noviembre de 2020, un grupo de "periodistas" se unió a esas familias para acusarme de lo mismo: lucrar con los feminicidios y publicar información no autorizada sin dar pruebas sobre sus dichos, porque son mentiras. Repito, y no me cansaré de hacerlo: cada una de las historias vertidas en la "Columna rota" y algunas de las publicadas en *#NiUnaMás* han sido autorizadas por las familias y/o algunas sobrevivientes de violencia de género. El propósito de la columna y los libros —incluyendo éste— es visibilizar la gravedad de lo que han pasado. Si carecemos de autorizaciones, nos limitamos a documentar con los insumos disponibles, como lo hacemos a diario.

Por mucho tiempo, pocos medios les daban voz a las familias. En 2014 Lydiette Carrión empezó a dignificarlas y a tratarlas como víctimas indirectas de feminicidio del Estado de México. Nosotros comenzamos a hacerlo en 2016 desde nuestro espacio, con la esperanza de cambiar la conciencia de la sociedad acusatoria que regularmente culpa a las víctimas. El fin de compartir estas historias era y es visibilizar la situación y, además de hacer justicia, que la gente comprenda que ninguna de las víctimas buscó ser asesinada.

LAS NUEVAS "FEMINISTAS"

Tengo muchas amigas feministas que forman parte de grupos de mujeres que apoyan a todas las mujeres, sin juzgar si piensan o no igual que ellas, sin condenar si lo queman todo o no, y las respeto por esa gran lucha que durante años han dado para lograr el objetivo que la mayoría tenemos: erradicar la violencia en contra de niñas, adolescentes y mujeres en el país.

El presidente Andrés Manuel López Obrador ha señalado en las mañaneras —en donde hemos logrado que cada mes se dé a conocer el informe contra la violencia de género—, que grupos opositores y conservadores usan el feminismo para atacarlo. No entendemos por qué reduce la lucha de cientos de madres, padres, hijas, hijos y familias completas por buscar justicia para sus mujeres a un golpeteo político.

En años recientes, se han realizado diversas marchas y protestas, principalmente en la capital del país, que han terminado en pintas, quemas, hombres expulsados o agredidos por mujeres y otros eventos que han polarizado a la sociedad, que la han dividido en quienes apoyan los hechos y quienes los rechazan.

El 6 de marzo de 2020, nos sorprendimos por la muralla que se instaló alrededor de Palacio Nacional para protegerlo. Nos sorprendimos más al día siguiente, cuando grupos de mujeres escribieron los nombres de 1254 mujeres y niñas asesinadas en México durante los últimos años. La suya fue una protesta llena de fuerza y dignidad que aplaudimos. El mensaje fue contundente, directo. No había más nada qué hacer, tal vez llegar al Zócalo y nombrar a cada una de ellas, para que nadie olvidara sus nombres y las dignificaran recordándolas en una sola voz que retumbara, que hiciera estremecer la conciencia no sólo del presidente en turno, sino de todos los que no hicieron nada por evitar las pérdidas y el dolor en que están inmersas miles de familias.

Al observar ese enorme mural de la impunidad, pensamos que en la marcha del 8 de marzo nadie se atrevería a lastimar las flores, los rostros y los nombres plasmados de cada mujer y cada niña muerta; pero, lamentablemente, fueron una vez más mancillados, quedaron al centro del campo de batalla de una guerra entre "feministas" y policías. El mensaje digno fue devastado en medio de una guerra sin futuro, sin ganadores, sin más resultado que la descalificación entre bandos.

Al ver las escenas en redes sociales, mi pensamiento se fue hacia las familias que acompañamos. Imaginé qué sintieron al ver los rostros y los nombres de sus mujeres quemados, pisoteados por ambos bandos mientras libraban esa batalla estéril donde lo que menos se veía eran las víctimas. Una vez más, los medios se centraron en las imágenes de la agresión en contra de civiles, periodistas y policías. Las familias y las propias víctimas una vez más acalladas, invisibles, observando desde algún lugar lo poco que nos importan.

Ese día, fuimos a ver a la familia de Rosario, una jovencita de dieciocho años que había sido asesinada junto a su bebé de tres años el 5 de marzo, sólo unos días antes de la marcha. El mismo día, acudimos al llamado de una mujer que había logrado escapar de su agresor. Durante el trayecto, vi los videos de lo que sucedía en el Zócalo y, sin comprender el sentido, reflexionaba: "¿Para qué hicieron eso? No era necesario, el mensaje —fuerte, categórico, directo, contundente— se había dado. ¿Qué sentido tenía arrancar las fotos y los nombres, tirar las vallas, superponerse al dolor de miles de familias?" Los nombres y rostros allí incluidos son sólo un porcentaje pequeño del número de mujeres que han sido asesinadas.

Pasaron unos días para que comprendiera a cabalidad por qué el presidente habla de "conservadores", "fakeministas" y demás calificativos. En el 2020 apareció la organización "Las brujas del mar" con su vocera estrella, Arussi Unda . El colectivo comenzó a mover los hilos de un movimiento "feminista" que parecía dispuesto a abrir sus brazos a quienes innovaran; al saber de ellas, nos pareció importante que jóvenes mujeres tomaran la batuta en una lucha contra la violencia que ha marcado sus vidas. Fue una decepción cuando se dio a conocer que los intereses de este grupo no eran más que los del partido político más conservador: eran mujeres ligadas al PAN.

El mismo 13 de marzo encontré un tuit de la diputada Alessandra Rojo de la Vega del Partido Verde Ecologista de México, integrante del Congreso de la Ciudad de México. En ese tuit había un video de la legisladora en donde, envuelta en un halo de heroísmo y de lucha, decía: "Por ti, por todas. Siempre juntas". Se había grabado el 8 de marzo. Explorando, encontré mensajes suyos de apoyo incondicional al expresidente Enrique Peña Nieto y comprendí que el presidente tenía razón. Increpé a la servidora pública vía Twitter:

> Y por qué no marchaste así cuando @EPN permitió que fueran asesinadas tantas mujeres en el #EdoMex, las violadas en

#Atenco. ¡Ey! A quien tanto me JODE, estas son las oportunistas, las que se infiltraron en una de las causas más legítimas de este país. Qué lástima. #Falsas

La legisladora respondió:

Que forma tan predecible de atacar, les cala tan hondo que diga la verdad sobre lo que hicieron el #8M2021. Antes tenía otra forma de actuar y ser, pero eso hoy no me define. A ustedes su tiranía, su violencia y represión sí, no me dan miedo y no me van a callar.

Y sí, el legítimo movimiento feminista fue infiltrado. Me han dado nombres de otras mujeres, ahora íconos del movimiento, que en el pasado fueron parte de los grupos de porros del Partido Revolucionario Institucional (PRI) y que en otros momentos se infiltraron en marchas de estudiantes de la UNAM para desestabilizarlas, pero sobre ellas no puedo asegurar nada.

En todo este tiempo me he enojado, llorado y encabronado porque FridaGuerrera ha recibido todos los ataques posibles de "chairos", "fifís", "feministas" y hasta del propio presidente, sólo por dar la cara como comunicadora y acompañante de las familias de Voces de la Ausencia. Mientras los reflectores se posaron en mí, las verdaderas responsables de actuar con fines golpistas se acomodaron como liendres en un movimiento totalmente legítimo, sólo para golpear políticamente al presidente, oscureciendo el arduo trabajo que muchas hemos realizado para que las voces de las víctimas sean escuchadas.

NOTA: Es importante compartir que no acompañamos este tipo de marchas o protestas, aunque respetamos a quienes consideran que es una forma de buscar justicia. Nosotros creemos que haciendo investigaciones propias y acompañando a las familias podemos presionar a las autoridades para que hagan su trabajo. Así, hemos coadyuvado a ubicar a un poco más de cien presuntos violadores, feminicidas y secuestradores, muchos de ellos ya han sido sentenciados. Hemos apoyado a la búsqueda de mujeres y niñas para tratar, desde nuestro acompañamiento, de encontrarlas vivas. Afortunadamente, muchas han sido localizadas con vida y otras, lamentablemente, asesinadas.

Respetamos a las mujeres genuinas y valientes que llevan años encarando "presidentes" insensibles que sólo acrecentaron la violencia contra mujeres y niñas. Consideramos fundamental que estas luchas sinceras y reales se desmarquen de grupos oportunistas que utilizan el dolor de miles de familias como capital político. Para nosotros siempre fue importante mantenernos al margen de políticas que usaran como banderas a las víctimas para después olvidarlas, ignorando las llamadas o mensajes que les hacen a los números que ellas mismas les dieron.

Sí creo que la protesta es una medida viable para poner en la agenda política y pública un tema tan importante, pero no creo en aquellas que sólo queman, violentan y atacan a mujeres por ser o pensar diferente. Creo en los gritos #NiUnaMás o #NiUnaMenos, pero los que se escuchan desde años atrás, no en los que surgen después de perder "privilegios" y que son orquestados por una oposición miserable. Estos no se unen al coro de la exigencia de justicia, verdad y reparación para miles y miles de familias que claman y esperan respuestas.

No tenemos la verdad absoluta, tampoco somos la única voz o colectivo con el objetivo de acompañar a estas familias. Sabemos que muchas y muchos buscan callarnos y aniquilarnos. Sin importar que seamos atacados a diario en las redes sociales, vilipendiados, difamados y, en lo personal, amenazada de muerte, no dejaremos solas a las familias que desde hace mucho confían y creen en nuestro trabajo, porque #SomosLasVocesDeLaAusencia. Tenemos la certeza de que son las familias quienes deberían encabezar la exigencia de justicia para sus mujeres; nosotros sólo somos el instrumento para hacer eco de su grito.

Desde estas páginas, una vez más les digo: no soy feminista, ni lo seré jamás, porque detrás de las verdaderas hay años de estudio y compromiso para enseñar amorosamente a otras cuál es el objetivo final de su lucha personal y social: erradicar la violencia de género. Personalmente, no tengo tiempo para estudiar teorías cuando hay mucho por redactar y aprender de la fuerza con que estas familias se sostienen y siguen avanzando aún en medio del infierno.

Sabemos que cada una desde su trinchera estamos logrando cambios reales, pero no aquellas que tienen dos años "luchando" y en realidad son personajes con intereses políticos. Hablo de mujeres como las que mencioné, que tuvieron la oportunidad de actuar antes, cuando sus ídolos tenían la posibilidad de tomar acción y cambiar las cosas, pero se quedaron calladas, viendo cómo le arrancaban la vida a un sinfín de mujeres y niñas. Desde FridaGuerrera seguiremos trabajando, sorteando cada obstáculo que se presente, abrazando a quienes nos requieran, ponderando siempre su dignidad, dando nuestro amor, respetando su sufrimiento y honrando su confianza.

A pesar de los montajes políticos, nosotros tenemos y debemos continuar trabajando y buscando cómo terminar con tanto dolor. Sabemos, y lo he dicho hasta el cansancio, que lograrlo depende de todos, pero ¿cómo devolver la sensibilidad a esos entes indiferentes que hoy conforman la sociedad?

Tras reflexionarlo mucho, se me ocurre que es necesario rehacernos, reeducarnos. Da la impresión de que las nuevas generaciones han crecido sin valores, anárquicas, sin límites, sin consecuencias. No quiero que se interprete que digo que los jóvenes de hoy son los asesinos de niñas y mujeres y que antes no existían, pero el problema se ha agudizado. Además, gracias a las redes sociales es posible conocer sobre muchos casos casi de forma inmediata; seguramente en otra época éstos no hubieran visto la luz y se habrían quedado en el ámbito de lo privado.

Lo cierto es que los jóvenes de hoy han crecido sin adultos que los guíen. Hoy todos somos niños o jóvenes, sin importar la edad que tengamos; así nos asumimos, así nos comportamos. En este contexto, no hay adultos responsables capaces de poner límites amorosos a sus hijos, resultando en generaciones frágiles con poco nivel de tolerancia a la frustración, que no reflexionan sobre sus actos y mucho menos contemplan posibles consecuencias.

Tras la publicación de *#NiUnaMás* en 2019, me buscó un médico legista que hoy es mi amigo. Quería conversar conmigo porque el caso de Lupita lo impactó sobremanera, pues le recordó a otro caso de una pequeña de cinco años que fue violada y asesinada en un céntrico hotel. El responsable fue detenido y sentenciado. Me contó que durante las audiencias acudió a dar su testimonial como perito: "Lo vi, Frida. El sujeto, en tono burlón, dijo: *Tanto pinche desmadre por una puchita*". Luego, indignado y preocupado, me comentó: "Frida, si no hacemos algo por detener esta bestialidad, las víctimas, las pequeñas violentadas y ultimadas serán cada vez más. Y la saña con la que actúan sus perpetradores también se potencializará". Aún retumban la historia y sus palabras en mi cabeza.

Los mensajes de quienes nos gobernaron entre 1980 y 2018 generaron una impunidad que solapaba una gran corrupción: autoridades saqueando al pueblo mientras éste se encontraba inmerso en su supervivencia. Pero también era un pueblo sumiso, agachado, que no se atrevía a enfrentar a sus gobernantes y menos a defender los derechos de bebés, niñas, niños y mujeres.

Los actos de violencia y desprecio eran visibles para todos, pero imperó el silencio.

El pueblo estaba pendiente de mil cosas: sobrevivir, trabajar, comer, cubrir las necesidades básicas. Otra estrategia para favorecer nuestra ceguera fue el intenso bombardeo que recibimos a través de los medios de comunicación, que nos decían que para ser felices debíamos acumular dinero, autos, joyas, ser los más guapos, exitosos, perfectos. Así nos hicimos cada vez más individualistas.

Actualmente el tema del feminicidio ha cobrado relevancia. Sin embargo, a pesar de los esfuerzos de las nuevas autoridades —que son las primeras que han aceptado que la violencia de género en México existe y creado políticas públicas enfocadas a evitar que las mujeres sean lastimadas—, falta mucho por hacer. Falta la participación de la sociedad civil, porque no depende sólo del gobierno cambiar el rumbo; nuestra acción es fundamental para ello.

Reconstruir un tejido social carcomido por años e intentar poner fin al cáncer en que se convirtió el feminicidio en México es una labor titánica. Y lo es aún más cuando se trata del feminicidio infantil, que —al igual que los asesinatos de niños— continúan minimizándose. La sociedad se ha acostumbrado a que otros hagan el trabajo que es de todos. Es muy sencillo responsabilizar a los demás de la situación, descalificar el trabajo y las victorias, grandes o pequeñas, como sucede con lo que hacemos desde FridaGuerrera.

Con frecuencia, hemos recibido mensajes donde nos exigen interceder por menores que están siendo lastimados; muchas veces los casos suceden muy lejos de nosotros, en lugares donde no tenemos acceso a las autoridades. Entonces, le pedimos a los denunciantes que nos apoyen porque están cerca, porque conocen el caso, porque pueden obtener más datos e información que nosotros desde acá. Muchos se molestan y hasta nos han llegado a decir: "¿Cómo quieres que lo haga yo? La que se dedica a eso eres tú, ¿no?" Las denuncias no llegan a más y los pequeños y pequeñas siguen siendo violentados. Quieren que nosotros hagamos el trabajo de la autoridad, pero, aunque buscamos, presionamos, luchamos y apoyamos en las investigaciones, no tenemos ni los recursos ni las atribuciones para hacerlo. Sin embargo, parece más sencillo exigirnos a nosotros que a los servidores públicos que tienen el mandato constitucional de hacerlo.

Mónica Aidé:
cuatro años de violencia

La libertad nunca se concede sin más; hay que luchar por ella.
La justicia nunca se recibe sin más; hay que exigirla.
A. PHILIP RANDOLPH

El 9 de junio de 2019, una patrulla de Seguridad Pública y Tránsito Municipal de Ecatepec transitaba por una calle de la Colonia Estrella de Oriente en Ecatepec, Estado de México. Al pasar frente a un domicilio, los elementos a bordo se percataron de que un hombre y una mujer golpeaban severamente una niña. Sin dudarlo, detuvieron el vehículo y se bajaron para saber qué sucedía. En cuanto llegaron, la pequeña empezó a convulsionar debido a la golpiza que le propinaron. La tía de la menor les comunicó a los oficiales que no era la primera vez que la golpeaban tan brutalmente, por lo que la pareja fue detenida y puesta a disposición del juez para que determinara su estatus legal.

Una blusa color azul con un dibujo de una muñeca en el pecho, los bracitos estirados, el derecho lleno de moretones, en la mejilla del mismo lado todavía se apreciaba la marca de una mano que seguramente se descargó sobre ese pequeño rostro. Una y otra vez el cuerpecito de la pequeña fue cruelmente castigado. Ella no paraba de convulsionar.

Por fin llegó la ambulancia de Protección Civil con los paramédicos y de inmediato fue trasladada al Hospital Regional 196 del Instituto Mexicano del Seguro Social. Sin embargo, debido a la gravedad de sus lesiones, tuvo que ser trasladada al Hospital La Raza para una mejor atención médica.

La titular del Centro de Justicia Para la Mujer de Ecatepec, Sandra Pacheco García, se dio a la tarea de reunir los elementos necesarios para logar que los agresores fueran detenidos y puestos a disposición del juez. Medios locales dieron cuenta de la detención de la madre, Verónica, de veinticuatro años, y del padrastro, Ricardo, de diecinueve.

Mónica Aidé nació el 24 de junio de 2014. Verónica se hizo cargo de ella porque el padre de la menor no asumió la responsabilidad. La registró con los apellidos maternos. Por algunos años, Verónica vivió sola con la pequeña Mónica, hasta que en abril de 2018 inició una relación sentimental con Ricardo. Las cosas avanzaron muy rápido y a los cuatro meses se fueron a vivir juntos. Verónica se embarazó de su segunda bebé.

Ricardo le pegaba mucho a Mónica. Su madre se limitaba a pedirle que no le pegara así, pero a él no le importaba y continuó golpeándola: en la cabeza, en la espalda, la bombardeaba con nalgadas, la aventaba al piso y a la pared, le daba patadas y puntapiés y su mamá sólo repetía que no le pegara así. Ella también la violentaba cuando consideraba que no se portaba bien.

El 9 de junio el enojo y hartazgo hacia la violencia que Ricardo ejercía contra la niña finalmente hizo que su familia hablara. Mientras la pareja era detenida, la familia de Ricardo confesó que habían notado que ejercían una violencia inaudita contra Mónica, que la niña lloraba casi todo el tiempo mientras ellos le gritaban y lastimaban.

El 13 de junio de 2019 el corazón de Mónica dejó de latir. Su pequeño cuerpo no logró resistir tantos golpes. Ante historias como ésta, es inevitable que surjan el enojo, el coraje, la impotencia: ¿Por qué los familiares no denunciaron desde el primer momento que supieron del tipo de violencia que soportaba esta nena? ¿Por qué a pesar de las decenas de moretones que vieron ya no sólo en Mónica, sino también en su hermanita, no hicieron más por evitar que vivieran llenas de terror, con hambre y piojos? ¿Por qué hablar hasta que está por llegar el desenlace fatal?

Mónica tenía cabello negro, ojos medianos y almendrados, en algún momento la peinaban con trenzas. Era una hermosa niña de cuatro años que el 24 de junio de 2019 habría cumplido cinco. Pero no los cumplió: lo impidió la apatía de quienes se dieron cuenta de su situación y callaron, la falta de compromiso del padre biológico, el desamor de su madre y la infamia de su padrastro.

El día 17 de junio de 2019, Verónica y Ricardo fueron vinculados a proceso por el delito de lesiones en contra de Mónica. En ese periodo, otro hecho inconcebible se compartió en el chat de reporteros del Estado de México del que formaba parte. Una niña de dos años había sido asesinada y dejada en la puerta de su casa. Pregunté si había algún detenido y la respuesta fue negativa. Pedí respetuosamente a mis compañeras y compañeros que no difundieran la foto del presunto culpable por una sencilla razón: al exhibirlo, además de que violan sus derechos humanos —que lamentablemente tienen— se le puede alertar, ayudándolo más a él que a la víctima.

La mayoría de mis compañeros no publicaron la foto del sujeto, y respetando la integridad de la niña, editaron la foto al hacer sus notas. Sin embargo, en redes sociales, con tal de ganar *likes*, compartieron la foto del presunto responsable y la imagen de la pequeña tal como fue encontrada. Obviamente los emoticones de enojo, tristeza y "me gusta", así como el número de veces que las publicaciones se compartieron, fueron muy altos.

Necesitamos reforzar nuestro sentido de la ética y la responsabilidad a la hora de divulgar. En el presente, muchas de mis compañeras y compañeros tenemos cada vez más conciencia de que necesitamos aprender a informar con perspectiva de género, sin sensacionalismo, sin caer en la vulgar nota amarillista, menos en la roja. Debemos informar sin revictimizar a las víctimas directas e indirectas, ponderando siempre la dignidad humana. Las redes sociales son otra historia: en ese espacio virtual, los internautas no tienen límites ni freno y, sin escrúpulos, exhiben a las víctimas, escudándose en que al compartir están ayudando a las víctimas, pero no es así.

El maestro Kapuściński, a través de sus textos, nos enseña lo que significa informar con apego a la ética y el respeto, cualidades fundamentales en este oficio: "Para ejercer el periodismo, ante todo, hay que ser buenos seres humanos. Las malas personas no pueden ser buenos periodistas. Si se es una buena persona se puede intentar comprender a los demás, sus intenciones, su fe, sus intereses, sus dificultades, sus tragedias". A lo expresado por Kapuściński, agregaría: para ejercer la libertad de expresión debemos ser buenos seres humanos, no dejarnos llevar por el amarillismo vulgar y ordinario, sin pensar en las víctimas. Para denunciar (en redes sociales), necesitamos ser personas honorables, tocarnos el corazón y detenernos a pensar antes de compartir una imagen exhibiendo a una víctima. Quizá ayude verla con detalle, cerrar los ojos e imaginar que es nuestra hija, hermana, madre, sobrina. Que otros la vean en deplorables condiciones no abona en nada. Lo que sí ayuda es denunciar a tiempo y exigir a las autoridades que cumplan con sus responsabilidades. Lo otro no es una denuncia, sino una acción que puede poner en riesgo el proceso y que, de algún modo, implica una doble muerte para la víctima.

Entre enero de 2016 y diciembre de 2021 alrededor de ochocientas menores de catorce años han sido víctimas de feminicidio. Nos indignamos con aquellas que se vuelven "virales". Nos sentimos bien y nos vamos a dormir cuando compartimos las imágenes de denuncia. Pero ¿qué nos impide intervenir cuando una niña o niño cercano está siendo violentado? ¿Por qué no actuamos cuando alguien pide ayuda a gritos? ¿Será que es más fácil acallar nuestras conciencias con nuestro ciberactivismo que prevenir que esto siga pasando en la realidad?

El asesino de la niña de dos años que fue ultimada el 17 de junio de 2019 sigue prófugo. Estamos tratando de ayudar desde este espacio; sin embargo, cada vez que los alertan, publicando los casos y a los involucrados, cuesta más trabajo. Tengo cinco años dedicada a esta terrible labor en medios electrónicos y en redes sociales. En este tiempo, he actuado siempre apegada al respeto por el otro, al reconocimiento de sus derechos, a la solidaridad y a la sororidad, impulsada por la necesidad de dignificar a las víctimas, colaborando en lo posible con las autoridades para que los asesinos paguen.

El 31 de agosto de 2021, se emitió fallo de condena contra Ricardo y Verónica. El 14 de septiembre de 2021 se llevó a cabo la individualización de sanciones y reparación del daño. Ambos fueron condenados a cincuenta y cinco años de prisión. Uno de los compromisos que asumimos cuando investigamos y acompañamos casos de mujeres, pequeñas y pequeños, es asegurarnos de que reciban justicia. Mónica la tuvo como otros muchos pequeños que hemos abrazado.

Valeria: asesinada por la ignorancia

El niño no es propiedad de la familia. Esta no puede hacer con él lo que quiera.
El niño es un ser humano: pertenece a la sociedad y representa su futuro.
Anónimo

En memoria de Valeria y "Jesús" —así lo bautizamos porque desconocemos su identidad—, un bebé abandonado en un predio en Almoloya de Juárez, Estado de México, el 5 de julio 2021, e inhumado el 18 de agosto de 2021.

Vale nació en el Estado de México. Tenía dos hermanitos, quienes afortunadamente están en resguardo de las autoridades de la Ciudad de México. A pocos les interesó el sufrimiento al que fue sometida. Tras su muerte a los seis años llegaron las personas adecuadas para impedir que quedara impune.

A inicios de diciembre de 2019, recibí la información anónima de una persona que, como muchas, nos buscaba para que la muerte de un bebé, niña, niño o adolescente no pasara desapercibida, se investigara y no quedara en la impunidad. Una serie de documentos daban cuenta del deceso de Vale.

El correo narraba que el cuerpo de una pequeña de seis años se encontraba en el Instituto de Ciencias Forense de la Ciudad de México (INCIFOCDMX) y que, de acuerdo con la información, la causa de su muerte era "neumonía". Sin embargo, al realizar la necropsia de ley, se descubrió que tenía múltiples signos de maltrato, de los que se podía inferir que a lo largo de su corta vida fue violentada sistemáticamente.

Desde octubre de 2019 nos reunimos periódicamente con la fiscal general de la Ciudad de México, Ernestina Godoy, para dar seguimiento a los casos que acompañamos. En diciembre de ese año, durante nuestro encuentro, le compartimos la situación de Valeria y le expresamos nuestra preocupación por calificar de "muerte natural por enfermedad" a una víctima de maltrato. Necesitábamos que se consideraran los hallazgos de la necropsia y que se considerara el contexto de violencia en que vivió la pequeña para determinar con veracidad la causa de muerte y dar con los responsables de su deceso.

Compartimos con la fiscal lo expresado por el agente del ministerio público de Iztapalapa, quien al informarnos sobre la carpeta de investigación, en presencia de algunas familias de Voces de la Ausencia, dijo: "No creo que hayan actuado con dolo, pienso que fue ignorancia de los padres y de la tía que pretendía rescatar a los niños de sus padres, pero las cosas no salieron bien". Nos levantamos de la mesa indignados al escuchar la forma en que el funcionario pretendía minimizar el asesinato de la pequeña. No íbamos a permitir que ese caso se quedará en la impunidad y se lo hicimos saber a la fiscal, quien de inmediato giró la instrucción para que la carpeta fuera entregada a la Fiscalía Especializada de Feminicidios.

Valeria y sus hermanitos habían sido violentados sistemáticamente no sólo por sus padres, también por su tía materna. En cada reunión de seguimiento preguntábamos por el estatus legal del caso de Valeria. Un día, la fiscal de la Fiscalía Especializada de Feminicidios, la licenciada Sayuri Herrera, nos compartió que el asunto había reclasificado como feminicidio al comprobarse que la niña y sus hermanitos sufrieron violencia intrafamiliar. Por fin, estábamos avanzando.

El 4 de agosto, la licenciada Sayuri nos notificó que ya se había cumplimentado la orden de aprehensión contra la tía de Valeria. He de confesar que lloré de gusto y pensé: "No te quedarás sin justicia, preciosa Vale". Cinco días más tarde, Alicia, la tía, fue vinculada a proceso por el juez de control, después de que las autoridades ministeriales dieran a conocer:

> Desde el mes de abril de 2019, la menor Valeria, de seis años, se encontraba bajo los cuidados de su tía Alicia, en el domicilio ubicado en calle Vista Hermosa, en la colonia Degollado, alcaldía Iztapalapa, Ciudad de México. Lugar en donde la menor fue víctima de maltrato infantil físico severo y de extrema crueldad, evidente por las lesiones contusas, heridas cortantes y quemaduras de segundo grado con distintas temporalidades —de no más de 6 meses la más antigua—, identificadas en diversas partes del cuerpo, mismas que fueron infligidas por la C. Alicia, omitiendo proporcionar atención médica a la pequeña tras provocarle las lesiones; lo que generó el deterioro de su salud, que causó la neumonía y su posterior deceso el 30 de octubre de 2019, aproximadamente a las 03:30 horas. La menor presentó signos de síndrome del niño maltratado en forma de violencia física activa y crónica.

Sin embargo, no todo estaba bien para nosotros y para darle a Vale la justicia que requería. El licenciado Agustín Moreno Gaspar, juez de control del Sistema Procesal Penal Acusatorio del Tribunal Superior de Justicia de la Ciudad de México, vinculó a proceso a Alicia por homicidio calificado y no por feminicidio al argumentar que tipificar dicho delito era improcedente pues la imputada es una mujer.

Aunque no somos abogados, ni pretendemos serlo, consideramos que delitos como el feminicidio deben imputarse en función de la víctima y no del victimario. Tras conocerse la resolución, la licenciada Sayuri nos hizo saber que se impugnará la resolución. Desde nuestra trinchera, continuaremos el seguimiento hasta lograr que Vale obtenga justicia.

Agradecemos la sensibilidad de la fiscal general de la Ciudad de México, Ernestina Godoy, por escucharnos aquel diciembre de 2019 y no permitir que el sufrimiento de esta niña quedara, como tantos otros, en la impunidad. También estamos llenos de gratitud hacia la Fiscalía Especializada de Feminicidios de la Ciudad de México por el interés mostrado en este doloroso caso y, principalmente, con aquellas personas valientes que nos hicieron llegar los pormenores de la situación de Valeria, que sufrió todo lo que un pequeño ser es capaz de soportar. Seguiremos hasta el final, hasta que haya una sentencia definitiva.

#Love: la beba de los conejitos

Ante las atrocidades tenemos que tomar partido.
El silencio estimula al verdugo.
ALIE WIESEL

En nuestra "Columna rota", que se publica en diversos medios del país, compartimos cartas del dolor de algunas de las familias de Voces de la Ausencia que desean dar a conocer sus historias. No lo hacemos para provocar lástima, sino para evitar que seas tú quien escriba la próxima. Desde 2017 hemos compartido imágenes de bebés, niñas, niños y adolescentes asesinados cuyos cuerpos fueron abandonados en distintos rincones del país. Quienes les arrebataron la vida piensan que la clandestinidad de la noche les permitirá impunemente abandonar sus cuerpos sin vida, como si fueran un desecho.

Una pequeña de entre siete y nueve meses fue abandonada sin vida el 27 de noviembre de 2021 en la Autopista Palmillas-Toluca a la altura de la calle 20 de enero, a un costado del verificentro de la comunidad San Antonio Escobedo, muy cerca de Polotitlán, Estado de México. Encontrarla fue como ir descubriendo un mensaje de terror: una cobija café con blanco, de esas que se venden por catálogo; luego, una cobijita azul cielo que parecía una chamarrita; debajo, una sudadera color morado con la palabra #LOVE estampada; después, un pantaloncito rojo con dos conejitos sonriendo. La acompañaba una veladora blanca, quizá puesta por quien la abandonó en ese lugar.

Estaba descalza, con piquetes de zancudo o de algún bicho que lastimó sus pies. Su cabello, escaso, era de color castaño muy claro. En su carita no había moretones, pero sí cinco rasguños muy cerca del ojo derecho. Tenía algo de sangre seca en la nariz. El estómago estaba crecido para la edad que le calculamos. En su rostro era evidente la tristeza, quizá por alguna enfermedad o por el dolor que debió experimentar en su breve vida.

Diversos medios de comunicación que informaron del hallazgo compartieron que la pequeña tenía alrededor de tres años, pero no: #LOVE no tenía más de nueve meses. Hoy buscamos dar con la identidad de #LOVE para encontrar a su familia y a quien o quienes la privaron de la vida.

Una beba más se suma a la lista de quienes necesitan verdad y justicia. Quienes la asesinaron consideran que nadie los busca porque piensan que a nadie puede interesarle la pérdida de la vida de una bebé sin nombre, pero no es así. Sabemos que los vamos a encontrar y que este crimen no quedará impune.

Ya lo hemos hecho antes: juntos logramos dar con los asesinos de muchos bebés, niñas, niños y adolescentes, y esta vez no será diferente. Así será en el caso de #LOVE y también en el de Estrella, de nuestra Beba de Aragón, de Jesús y del Bebé de Almoloya. No pararemos hasta identificarlos e indagar quiénes fueron los perpetradores. Estos pequeños merecen justicia; por eso te pedimos que nos ayudes. En el caso de #LOVE, descarga su imagen, imprímela, comparte y, si tienes información, búscanos.

Debemos hacer justicia por ella. No permitas que su muerte quede impune. No permitamos que continúe creciendo la lista de la vergüenza, el dolor. Hagamos lo posible por poner fin al conteo de vidas arrancadas. Nuestros bebés, niñas, niños y adolescentes sólo merecen ser cuidados, amados y respetados.

Trabajamos por identificarlos a todos de la mano de la Fiscalía de Género y de la Comisión de Búsqueda, ambas instancias del Estado de México. Nos acompañan también en esta tarea Siguiendo tus huellas, Voces de la Ausencia y la artista forense Alejandra Arce. Únete a nuestro grito de justicia por #LOVE y por nuestros demás pequeños no identificados.

CARTA A NUESTROS BEBÉS ASESINADOS

Queridos Karina, Lupe, César, Alexa, Mónica, Yatziri, Mitzi, Félix, Estrella, Beba de Aragón, Valeria, Samantha, Ivanna Nicole, Jesús, Bebé de Alomoloya y #LOVE:

Queremos empezar esta carta pidiéndoles perdón. Es cierto que hemos rescatado a otras pequeñas y pequeños con vida y que nos sentimos afortunados por ello; pero aún en esos momentos de alegría, guardamos en el corazón la impotencia de no haber podido hacer algo por ustedes.

Mucha gente piensa que documentar el dolor de sus asesinatos es algo que hacemos para cobrar relevancia, pero pocos piensan o imaginan el dolor que produce ver sus rostros sin vida, saber que fueron abandonados como basura. No saben lo que significa para nosotros mirarlos sobre esas planchas frías de los servicios forenses: inertes, deshabitados, deseando con todo nuestro ser haber podido llegar a tiempo a sus vidas para evitarles el dolor en sus pequeños cuerpos, el terror en sus cortas vidas.

Quisiéramos abrazarlos vivos, no que fueran parte de nuestros pequeños adoptados por ser asesinados.

Es diciembre y son épocas de regalos, de llenar a los más pequeños de amor y felicidad. Pero ustedes no pueden tener nada de eso: están muertos, fueron apagados por seres sin entrañas que no debieron ser bendecidos con sus presencias.

Desearíamos llenarlos de cuidados, de protección, de amor.

Perdónennos por no ser suficientes para cuidarlos
a todos.

Nuestros corazones lloran cuando una niña o
niño es asesinado.

Con todo nuestro amor:

Frida y Daniel

Camila: la inocencia asesinada una noche de Año nuevo

La violencia, sea cual sea la forma
en que se manifieste, es un fracaso.
JEAN PAUL SARTRE

Creo que no hay cosa más difícil que redactar la historia de vida de una pequeña o pequeño violentado. La de Camila, entre todas, es de las que más dolor me genera. No me había atrevido a escribir de ella hasta hoy.

Camila fue para mí una bofetada: "¡Chingada madre! ¡Esta saña contra nuestras niñas nunca parará!" Jamás olvidaré ese 1 de enero de 2019. Revisaba Facebook cuando me apareció el primer feminicidio del 2019 registrado en la prensa del país: era el de Camila.

De inmediato vinieron a mi mente las palabras que expresé el año anterior, cuando dimos a conocer el rostro de Lupita. "Este caso debe ser un parteaguas para que este tipo de crímenes dejen de suceder, para ser conscientes de que niñas y niños no se tocan". Mis palabras no sirvieron de nada.

Tenía nueve años. La violaron y asesinaron brutalmente. La encontraron sin vida frente a su casa. El enojo y la impotencia se me desbordaron en lágrimas. En Facebook, algunas personas estaban compartiendo el nombre del presunto homicida: Marciano Cabrera. Le marqué al colaborador que me ayuda a investigar para ubicar a los criminales, le di los datos con que contaba y le dije: "Quiero a ese hijo de puta, encuentra a ese maldito".

Para intervenir en algún caso normalmente espero a que las familias me busquen, es uno de mis principios, pero en este caso rompí el protocolo. Mi colaborador de inmediato se dio a la tarea de investigar para obtener más datos del asesino y tratar de ubicarlo. Afortunadamente para todos, el infeliz se comunicó por teléfono con su esposa alrededor del mediodía de ese 1 de enero; así se supo que ya no estaba en Valle de Chalco.

Ya entrada la noche de ese mismo día, mi colaborador me avisó que iría a buscarlo porque estaba en Puebla; le reiteré que lo quería. A diferencia de otros años en que luchábamos contra la Fiscalía del Estado de México para lograr atención para las familias, desde agosto de 2018 entablamos una comunicación directa con el fiscal general de la entidad, Alejandro Jaime Gómez Sánchez, e iniciamos una colaboración para ayudar a ubicar y detener asesinos.

Contacté inmediatamente al comandante Rueda, uno de los mejores policías de investigación —especializado en delitos de género—, adscrito a la Fiscalía del Estado, quien estaba a cargo de la investigación. Le compartí la información que teníamos y me confirmó que se trasladaría a Puebla el viernes 3. Le comenté que Ricardo, mi colaborador, viajaría al día siguiente para ubicar el punto donde, al parecer, estaba Marciano.

El 3 de enero el comandante Rueda se encontró en el punto identificado con Ricardo y un grupo de elementos de la policía de Puebla. Alrededor de las 13:15, llamé a Ricardo para preguntarle cómo estaba y cómo iban las cosas. En cuanto respondió, me dijo: "Espérame, lo estamos deteniendo. Ya lo tenemos". La noticia me inundó de emociones. Lloré como siempre. Deseaba con todas mis fuerzas abrazar a la familia, decirles que lo habían detenido y que venía para acá.

El fiscal general del Estado de México agradeció nuestra colaboración vía Twitter. Las solicitudes de entrevista eran constantes, mi celular no dejaba de sonar. No sabía ni qué decir porque aún no llegaba al penal ni tenía toda la información. Aunque accedí a hablar con un medio, mi verdadera necesidad era conocer a los padres y prometerles que se haría justicia.

Pronto conocí a José Manuel y a Lupita, padres de Camila. Ya los había visto en los medios de comunicación que dieron una gran cobertura a su caso. Al verlos, los abracé. José Manuel es un hombre muy alto, Lupita es un poco más pequeña que yo. Fue un momento muy significativo, pero lleno de dolor. Les aseguré que allí estaba, que contaban conmigo y que no pararía hasta que se dictara sentencia a Marciano. Ricardo me acompañó y compartió con ellos cómo había sido la detención. Ese día empezó nuestra relación. Estuve junto a Lupita en algunas audiencias hasta que se hizo justicia.

El 24 de febrero de 2020 Marciano Cabrera Romero, asesino de nuestra niña, fue sentenciado a prisión vitalicia; sin embargo, la defensa apeló y rebajaron la sentencia a sesenta y cuatro años. Los padres de Camila no quisieron continuar con las apelaciones porque estaban agotados, cansados. Para ellos fue suficiente la sentencia, pues ninguna pena devolvería a su pequeña.

Los padres de Camila se conocieron en una imprenta a los veinticinco años y mantuvieron un noviazgo de año y medio. Descubrieron que serían padres y comenzaron a vivir juntos. Luego vino su segundo hijo varón y luego el tercero. Lupita me contó que siempre deseó una niña, pero que después de tres varones, que pensaba que serían los únicos, se había hecho a la idea de que no llegaría: "Cuando nació el primero, no importó, estaba bien. Luego me embaracé de nuevo y pensamos que sí sería una niña, pero nació Andrés. Con el tercero no teníamos duda y llegó Mario. Entonces dijimos: *Ya no más*".

Camila fue la cuarta hija del matrimonio. Llegó a sus vidas cuando no la esperaban. Estaba en el trabajo cuando su empleadora le dijo: "Estás embarazada, Lupita". Lupita, dudosa, fue al ginecólogo para descartar, pero éste le confirmó que tenía once semanas de embarazo. Tuvo que cuidarse mucho porque fue un embarazo de alto riesgo.

Nació el 6 de febrero de 2009. La llamaron Camila por la mamá de José Manuel y su nombre significa "la que está frente a Dios". Desde que nació fue la adoración de todos, su chiquita. "Cuando conocí a mi bebé, descubrí que era muy rosita de la piel. Era muy bonita, todos decían que se parecía a mí", recuerda Lupita. Sonriendo, me cuenta que a Camila le decían Lupita chiquita y ella se enojaba y respondía: "Sí me parezco a ti, pero soy más bonita".

José Manuel dice que ella era su adoración, y Lupita explica que Camila era la típica nena apegada a su papá: "Lo cuidaba mucho, era muy celosa. Se enojaba si veía a una mujer, se enojaba si hablaba con otra. Me decía: *Mira, mamá, ¿ya viste cómo va de arreglado?*. Y luego a él: *¿A dónde vas? Voy contigo*". Camila era feliz acompañando a su papá a todos lados, era muy preguntona y su padre le respondía todo, era curiosa y muy independiente. Lupita no la recuerda mucho cuando era bebé, y cuando se lo contaba a Cami, ella respondía: "No mamá, eso yo no te lo creo, no me digas eso".

Por ser tan independiente y segura, desde muy pequeña elegía su ropa y se peinaba ella misma. Al verla arreglarse, su mamá bromeaba con ella y Cami se enojaba. Lupita y José Manuel le enseñaron que hay gente mala y que, por ello, era importante que se cuidara y que se vistiera de acuerdo con su edad. Camila lo sabía, era consciente del morbo de las personas y se los hacía saber, sabía que para salir a la calle debía vestir pantalón y sudadera, y para ir a la iglesia vestido y mallas. Le gustaba leer y jugar con niños más pequeños. También, tenía muchas amiguitas. Ese día, unas horas antes de ser ultimada, se despidió de ellas como si supiera qué le deparaba: "Cuídense mucho, por si ya no las vuelvo a ver".

Veinticuatro pasos separaban a Camila de Marciano, su asesino. El sujeto vivía frente a su casa.

Esa noche de Año nuevo, la nena le pidió a su padre un encendedor para quemar sus ratoncitos. Salió y, por razones que sus padres desconocen, se acercó a Marciano.

Veinticuatro pasos para que el predador la cazara, la violará y la asesinará. Sus papás notaron de inmediato su ausencia y, sin perder tiempo, iniciaron la búsqueda en la colonia, misma que está flanqueada por altos muros y es resguardada por vecinos vigilantes que se conocen y buscan mantener seguros a los suyos, pero de nada sirvió: el depredador estaba entre ellos.

Después de algunas horas de búsqueda, Lupita reparó que Marciano no estaba ayudando. Fue entonces cuando José Manuel y los vecinos tiraron la puerta del cuartucho y encontraron a Cami, sin vida. La culpa y el dolor se apoderaron de José Manuel. Entre todos evitaron que Lupita entrara, pues no querían que viera lo que el miserable le hizo a su niña.

A Camila le gustaban mucho las pulseras. Como el 31 de diciembre era un día especial, se las puso todas, sólo dejó su favorita: una pulsera tejida de color rojo de la que pende un Cristo. Lupita y José Manuel me la regalaron: "Ella te conocía, Frida, por el caso de Calcetitas Rojas. Sé que le hubiera gustado conocerte y que quiere que tengas su pulsera". Guardo esa pulsera con mucho amor porque es una forma de tener a Cami cerca de mí. Este tipo de detalles son mis recompensas.

Sus padres la sueñan con frecuencia. Lupita la ve como era, siempre colgada del cuello de su papá, sonriente, feliz. Cuando su padre llegaba de trabajar le chiflaba y ella salía emocionada a recibirlo: "Yo creo que ella sigue con él". José Manuel la recuerda siempre. Al soñarla, le pide que no se vaya, que se quede con él.

Camila quería ser médico cuando creciera. Le decía a su mamá que ella la cuidaría y le daría sus medicamentos, que no dejaría que se enfermara. Les decía a ambos que ella moriría antes porque no soportaba la idea de estar sin ellos.

Los padres de Camila se cambiaron de casa. Era una tortura ver todos los días el lugar donde, en un infierno, su pequeña fue asesinada. Meses después de haberse mudado y aún con sus corazones rotos y doloridos, encontraron en una banca de la casa de su abuelita una carta que Camila escribió en octubre de 2018:

> Mamita: cuando piensas en mí, imagina que estoy de viaje y que algún día estaremos todos juntos. Recuerden que estoy con Dios y desde el cielo los estoy viendo, cuida a mi papito y a mis hermanos. Ya no llores, yo estaré bien. No olvides que siempre estarás en mi corazón y yo en el tuyo.
>
> Te amo, no me olvides.
>
> [Encerrado en tres corazones: adiós, te amo y te adoro.]

La historia de Camila fue contada en un documental *Camila: La justicia posible*, producido por Ojos de Perro *vs* la Impunidad, A.C., un colectivo de periodistas, cineastas, novelistas, fotógrafos y músicos que tienen como objetivo realizar producciones de diversos tipos enfocadas en temas de justicia, corrupción, desigualdad, derechos humanos y medio ambiente.

El documental fue apoyado por la Comisión de Derechos Humanos del Estado de México. El 25 de noviembre de 2021, ganó el segundo lugar del Premio Alemán de Periodismo, Walter Reuter, en la categoría "Televisión y multimedia".

Para José Manuel y Lupita fue muy difícil hablar de Camila para el documental. Aunque en un primer momento no querían hacerlo, José Manuel convenció a Lupita de hacerlo para ayudar a qué jamás volviera a ser violentada una pequeña.

Lamentablemente, esa es una posibilidad utópica en nuestro país, donde cada día alrededor de dos pequeños pierden la vida de formas miserables.

Me dejaste muerta en vida: Carta para mi hijo feminicida y para sus hermanas

Ahora que sabía bien a bien que lo iban a matar,
le habían entrado unas ganas tan grandes de vivir
como sólo las puede sentir un recién resucitado.
JUAN RULFO

Cuando creo que hemos escuchado sobre el infierno más atroz, llega otra historia que hiela la sangre; con cada vida perdida el dolor se agudiza, crece la indignación y se acaban las palabras. Sólo nos queda abrazarnos, escucharnos y acompañar la inenarrable soledad de una madre vacía.

Érika Janeth se unió, siendo muy joven, a Rubén. Pronto, Érika se embarazó del primer hijo de la pareja. Tuvo que cuidarse mucho en el periodo de gestación pues era un embarazo de riesgo por amenaza de aborto. Finalmente, el 12 de noviembre de 2003 nació su bebé y decidieron llamarlo Braulio. Érika se sintió feliz. Su madre recuerda que desde pequeño fue muy hiperactivo y desafiante. Era muy consentido y, también, maltratado por su padre.

Rubén también era violento con Érika. Sus dos hijos fueron testigos de ello en diversas ocasiones. Érika hacía lo posible para que ellos, especialmente Braulio, olvidaran las escenas de maltrato contra ella: "Aún recuerdo que cuando Brau tenía siete años, me dijo: *Mami, voy a ser piloto aviador y te voy a lanzar una escalera para que te subas y te lleve a volar y volar*".

Años después, Érika se volvió a embarazar. El 28 de febrero de 2008 dio la bienvenida a una niña hermosa: Yiyari, cuyo nombre significa "retoño de Dios". Ese embarazo transcurrió sin ningún problema. "Se convirtió en la luz de mi vida, me sentía feliz con mis dos niños". La vida continuó entre bajas y altas, predominando las bajas, hasta que empezó a considerar seriamente separarse del padre de sus hijos; sin embargo, llegó la tercera bebé. Diana nació el 9 de junio de 2013. La llamó así porque siempre fue su princesa. Aunque el matrimonio no iba bien, Érika decidió olvidar, por un tiempo, sus ideas de separación. Se sentía feliz y plena con sus tres hijos.

Así fue hasta que Diana cumplió un año. Para Érika la relación de pareja era insostenible y decidió separarse: "Lo hice por mis hijos, por mis niñas, porque él siempre las hacía menos, todo era para Braulio. Me llevé a todos mis hijos cuando me separé". Se fue a vivir a Tecámac, Estado de México.

A los doce años, Braulio le dijo a Érika que quería mudarse con su papá: "Era muy negligente, hasta grosero conmigo, por eso creí que lo mejor era que se fuera con su papá". Érika se dedicó a trabajar para sus hijas, hizo todo por sacarlas adelante: trabajaba horas extras y se metía en tandas para cubrir los gastos de renta, alimento, escuela. El padre no ayudaba, de vez en cuando mandaba 300 o 500 pesos, pero no daba una pensión que le aminorara la carga. A ella no le importaba, no lo necesitaba; se tenía a ella y a sus hijas, que siempre comprendieron que mamá debía trabajar. Braulio iba y venía:

> A veces llegaba llorando y me decía que su papá lo maltrataba, que lo llevaba a trabajar, porque él había decidido ya no ir a la escuela, que tenía sus manos maltratadas. Cuando venía, siempre se me perdía dinero, mis hijas lloraban porque decían que Braulio sólo iba a robarnos el dinero de la despensa, pero era mi hijo, ni modo de cerrarle la puerta.

Braulio se alejó de su madre y hermanas durante un tiempo, pero volvió en junio de 2019. Érika y las niñas estaban muy bien acopladas y ella estaba con una nueva pareja con quien tuvo a su cuarto hijo: Diego. Braulio llegó cuando el pequeño tenía casi tres años:

> Vino una vez más llorando. Me contó que su papá era malo con él, yo no podía decirle que no se quedará, así que se quedó. Yo vivía con mi pareja y con mis hijos, todo estaba bien en casa. Trabajaba como encargada de un restaurante en ese momento. Siempre busqué que mi lugar de trabajo estuviera cerca de casa por lo que se necesitara.

El 1 de junio de 2020 Braulio se quedó con las niñas y con Dieguito.

A Érika le sorprendió ver llegar a Braulio a su trabajo. Fue a buscarla para decirle que el pequeño no se movía. Llena de angustia, salió corriendo a casa. Al llegar, se encontró con que el bebé no respiraba. Braulio le dijo que ya había llamado a la ambulancia y a la policía. Yiyari estaba en shock, no podía hablar; Diana jugaba en la tarja de la cocina. Desesperada, Érika buscó a su hermana y a sus vecinas. Llamaron a las autoridades y se enteraron de que nadie había pedido auxilio. Braulio estuvo en calidad de sospechoso. Las autoridades tomaron su declaración y determinaron que el bebé perdió la vida por "muerte de cuna".

En su interior, intuía que Braulio era el responsable de la muerte del bebé. Días después del sepelio de Diego, una de sus hijas le dijo que Braulio había metido al bebé al cuarto y lo había tapado con una cobija: "Lo durmió a fuerza".

Braulio regresó a vivir con su papá y la pareja de Érika decidió alejarse para evitar problemas con ella; él siempre desconfió de Braulio. Ella se enteraba de los problemas de su hijo, pero no podía hacer nada por él. "Le di toda mi confianza". Aún con los antecedentes de robo y de lo que había pasado con el bebé,

Braulio llegó una vez más a casa de Érika, pero ahora con una muchachita que dijo que era su novia. A Érika no le gustó la situación, habló con la menor y se puso en contacto con su familia para notificarles que estaba en su casa. Al día siguiente se habían marchado.

Poco después, Érika se enteró de que Braulio se había llevado a la niña a Puebla, que pretendía explotarla sexualmente y que no era la primera vez que lo hacía. Braulio fue detenido por las autoridades, quienes ya lo iban a imputar por trata de personas. Lamentablemente, el padre del menor rogó para que lo dejaran bajo su custodia y firmó una serie de documentos donde se responsabilizaba de su hijo y de sus actos partir de ese momento.

Pasó el tiempo y en noviembre de 2020 Braulio nuevamente llegó a casa de Érika, en Tecámac. Una vez más lloraba y suplicaba a su mamá que lo ayudara porque su padre lo maltrataba. Esta vez, antes de acceder, Érika platicó con Yiyari y Diana, quienes le dijeron que le diera otra oportunidad, que deseaban pasar una Navidad con su hermano. Con lágrimas en los ojos, me comparte: "Lo querían, Frida, decían que se portaba mal, pero que lo querían".

Braulio se quedó en casa de su mamá. Érika pagaba porque cuidaran a sus hijas, pero tenía muchos gastos. Las niñas le dijeron que no se preocupara, que se quedaban en casa con su hermano porque, además, tenían sus clases en línea. El trabajo de Érika estaba a diez minutos de la casa y ella les hablaba cada hora, lo que la hacía sentirse tranquila.

El 29 de noviembre de 2020, Érika se preparaba para la jornada laboral. Ese día se quedaron sin gas. Un día antes habían preparado chilaquiles. Yiyari y Diana le hicieron su desayuno a Braulio. A las 13:40 del día Erika se despidió de las niñas y de Braulio, quien con un dejo de fastidio le dijo: "¡Sí, ya, adiós, vete!" A pesar de la cuarentena, el restaurante estaba muy lleno. Al llegar, les marcó a las niñas, pero no respondieron. Continuó con sus labores y, en ese lapso, hizo cuatro llamadas más sin éxito. Aunque por la pandemia salía a las diez de la noche, ese domingo pudo hacerlo hasta las 12:40.

> Mis patrones nos llevaban a nuestras casas, yo era la primera. Llegué casi a las 12:50. Al abrir la puerta no lo vi, siempre me esperaba despierto. Al entrar al cuarto donde dormía con mis hijas, lo vi ahorcando a mi hija, grité y entonces se me vino encima e intentó asesinarme. Me picó dos veces en las costillas, cinco en la cabeza y, al final, luego de forcejear con él más de hora y media, me golpeó con la cacha de una pistola. Perdí el conocimiento más de nueve horas.

Luego, aclara: "En aquel momento los medios dijeron otra cosa, pero te digo la verdad. Yo vi cómo asesinaba a mi niña".

Braulio ya había huido cuando Erika despertó. Fue detenido el 3 de diciembre del mismo año y sentenciado el 28 de septiembre de 2021. La pena por los feminicidios de sus hermanas y el intento de feminicidio de su madre fue de cinco años, por ser menor de edad. Al dictar sentencia, el juez le hizo saber que merecía condena de por vida por todo lo que les hizo a las niñas: las torturó, las abusó sexualmente, las asesinó y dejo muerta en vida a Érika.

Ellas eran dos pequeñas que tenían la vida por delante. Yiyari quería estudiar biología marina o veterinaria; Diana sería enfermera. Ya no: su asesino decidió que no, estaba tan lleno de rencor que cuando intentó asesinar a Érika le gritó todo tipo de insultos, le dijo que sí, que él había matado a Dieguito, que en este país era muy fácil matar a un niño y que nada pasaría. Lastimosamente, tenía razón.

Érika no es capaz de ver las fotos de sus hijas, su soledad abruma, se acompaña de una planta, una cuna de Moisés que era de las niñas. Conduele el corazón de quien puede entender que no fue su responsabilidad, que la culpa es de quien se supone que debía protegerlas: su hermano.

Si narro esto es porque no quiero que ninguna madre pase por este infierno, que ninguna niña vuelva a sufrir como las mías. No lo hago para que me pobreteen, ni para que me tengan lástima.

Érika escribió unas líneas para sus hijas y otras para su asesino.

CARTA PARA YIYARI Y DIANA

Mis lindas niñas:

Quiero decirles tantas cosas, quiero que sepan que las amo con todo mi corazón. Me hacen mucha falta, mi vida no tiene sentido sin ustedes. Me siento muy triste al saber las monstruosidades que les hizo la persona que se supone las cuidaría y defendería de todo peligro. No puedo entender la razón de tanto odio, de rencor hacia ustedes y hacia mí. Sé que están con su hermanito y que en algún momento nos volveremos a ver para seguir siendo tan felices como lo éramos.

Braulio:

Quiero que sepas que desde que estuviste en mi vientre te quise tanto, estaba muy feliz. Sabía que eras un niño y, cuando te tuve en mis brazos, fui la mujer más dichosa. Fuiste creciendo y eras un niño muy imperativo. Recuerdo cómo te cuidaba y te pedía que te portaras bien en la escuela. Pero llegaste a la adolescencia y empezaste a cambiar: tu inestabilidad, tu no querer estudiar, robar dinero, querer hacer lo que tú querías sin límites y, por último, quitarles la vida a tu hermano y hermanas. ¿En qué momento cambiaste tanto? ¿En qué momento te volviste un asesino?

Sabes que me dejaste muerta en vida con la ausencia de mis niñas, de mi niño, de saber que estás en ese lugar donde sé que no estás bien. No sabes cómo se me rompe el alma de sentir esta enorme soledad y tristeza que me acompañarán toda la vida.

Niñas, niños y adolescentes invisibles en un país en guerra

La violencia no es fuerza sino debilidad,
nunca podrá crear cosa alguna, solamente la destruirá.
BENEDETTO CROCE

ENTREVISTA A JUAN MARTÍN PÉREZ GARCÍA, EXDIRECTOR EJECUTIVO DE LA RED POR LOS DERECHOS DE LA INFANCIA EN MÉXICO (REDIM)

Cuando elegimos una pareja para conformar una familia, no lo hacemos pensando en divorciarnos. La mayoría de las parejas que se unen —legalmente o en unión libre— lo hacen pensando que su amor será para siempre y, al llegar las hijas e hijos, la felicidad crece y la familia se completa.

Sin embargo, algunas de esas parejas se separan y empieza una guerra en el seno de su familia: separación de bienes, pensiones, guarda y custodia. En una relación conformada por personas maduras, los pequeños deberían de ser los menos afectados y los adultos resolver compartir la custodia, los gastos que corresponden a cada uno y otorgar la pensión que por derecho les corresponde a los menores. Desgraciadamente, este escenario no es el más común.

Infinidad de padres y madres nos buscan a diario para solicitar apoyo por la sustracción realizada por alguno de los progenitores, o porque no reciben atención por parte de las autoridades a las denuncias interpuestas contra la expareja. Juan Martín Pérez García nos explica el doloroso delito que se comete contra niños de forma cotidiana sin que ninguna autoridad se tome en serio la responsabilidad de dar certeza y seguridad a los pequeños que quedan en medio de la lucha de poder entre sus padres.

En el proceso de los conflictos parentales y en los juicios de lo familiar hay bastantes vicios. Incluso, hay despachos de abogados sin ética que tienen el paquete completo: ofrecen llevar el caso de divorcio más una denuncia de violencia familiar o un abuso sexual.

Uno de los principales problemas respecto a los derechos de la niñez es el adultocentrismo, que consiste en pensar que los infantes son objetos de propiedad y no sujetos de derechos. Desde el enfoque de derechos humanos, el síndrome de alienación parental (SAP) es violatorio de los derechos de niñas y niños porque invalida su voz frente a la voz adulta por considerarles incapaces e inferiores. Este es otro de los brazos de la violencia que no se considera, aunque lo padecen los menores, quienes se vuelven rehenes de alguno de sus progenitores. Muchos padres han asesinado a sus pequeños en venganza contra la madre. Muchas madres deciden asesinar a sus pequeños para posteriormente suicidarse por las más diversas razones.

Al final los niños están vulnerables ante las decisiones de sus padres, ignorando que cada familia está obligada a proporcionarles seguridad. Lamentablemente, no hay instituciones encargadas de vigilar que esto se cumpla.

La niñez es invisible en México. Desde hace muchos años los niños sobreviven en medio de conflictos en todos los contextos de su vida y experimentan violencia constantemente. Las peleas de custodia entre los padres les generan miedo e inseguridad; por ello, es necesario crear espacios de diálogo para reflexionar sobre los cambios que implican la separación de los padres y el efecto que tiene en los integrantes de la familia. Los menores no deben estar separados, pues eso es una violación a sus derechos: los hermanos son en sí un núcleo familiar. La separación de papá y mamá es un tema adulto que no debería afectar a los hijos. Otra cosa que debe vigilar el juez es que no haya alienación parental; es decir, que si alguno le habla mal al niño o la niña de la otra parte se considere violencia psicológica, pues daña la relación de los menores con su papá o su mamá.

Las niñas, niños y adolescentes pueden padecer violencia en cualquiera de los ámbitos en los que transcurre su vida: en el hogar, en la escuela, en los sistemas de protección y de justicia, en el lugar de trabajo y en la comunidad. Además, en estos entornos las diversas formas de violencia pueden manifestarse simultáneamente.

Juan Martín nos refiere el caso de Mireya, quien en diciembre de 2010 detectó violencia sexual contra su hijo de tres años, por lo que solicitó al Hospital Psiquiátrico Infantil certificar la agresión sexual cometida por el padre. Con base en el informe del hospital, Mireya denunció penalmente a Leopoldo Olvera Silva ante el Ministerio Público (A.P. FDS-6/T2/5/6/11-06) por abuso sexual contra el pequeño.

En 2016, la jueza onceava de lo Familiar de la Ciudad de México, Silvia Araceli García Lara, otorgó a Leopoldo Olvera Silva la guarda y custodia de sus hijas y su hijo bajo el argumento de que Mireya los había alienado. La entonces Procuraduría General de Justicia del Distrito Federal (PGJDF) y otras instancias gubernamentales ignoraron la violencia sexual que perpetró Leopoldo Olvera Silva contra sus hijos a pesar de seis años de denuncias, dos peritajes y dos informes que así lo constataron. Casi siete años después de la primera denuncia, Mireya, sus padres y con ellos su hijo y dos hijas optaron por quitarse la vida después de conocer el fallo judicial.

El caso es paradigmático: para que la historia de Mireya no se repita, se debe derogar el síndrome de alienación parental de los códigos civiles estatales y su uso como categoría diagnóstica que guíe decisiones. Este caso evidencia la falta de mecanismos adecuados de denuncia de forma oportuna ante la comisión de un delito, sobre todo tratándose de delitos relacionados con la violencia sexual, en los que las primeras horas posteriores a la comisión de un delito pueden ser cruciales para su acreditación.

También se nota la inadecuada valoración de las pruebas cuando la víctima es un niño, niña o adolescente, pues su dicho se ve minimizado y los síntomas que presentan se presumen como resultado de la manipulación de la madre o padre denunciante.

En el caso no hubo medidas de protección adecuadas: la toma de declaración y la realización de las periciales en torno al niño que fue víctima de abuso sexual se realizaron en condiciones inapropiadas. Esto, lamentablemente, es muy común. Además, se omitió la implementación de medidas necesarias para evitar que el niño fuera revictimizado por el presunto agresor y, al contrario, la decisión judicial ponía en riesgo la integridad física y emocional del menor, así como su desarrollo psicoemocional.

La instancia responsable de vigilar y acompañar estos procesos debería ser el Sistema Nacional para el Desarrollo Integral de la Familia en las entidades y los municipios. Tristemente, el DIF está rebasado y, además, es un órgano de asistencia. Deberían ser corresponsables de esta tarea la Secretaría de Bienestar, la SEP y la Secretaría de Salud. Se debe entender que la violencia es un tema de salud pública. De hecho, las Secretaría de Salud es la encargada de las estadísticas sobre violencia intrafamiliar; sin embargo, esta dependencia no cuenta con un programa para prevenirla. La invisibilidad de los niños es brutal e histórica.

De algún modo, los niños están solos. Ya no existen adultos, no queremos envejecer sino ser jóvenes. La ropa de la mamá se la pone la hija, la del papá, el hijo. Considero que la negación a reconocer que vamos creciendo y envejeciendo ha llevado, en buena medida, a romper los parámetros de referencia adulta que existían: los adultos tenían que hacer determinadas cosas.

Está también el tema generacional. Quienes nacieron desde finales de los noventa lo hicieron en un mundo donde el Internet cambió el paradigma: tienen toda la información que deseen a su alcance. Para las generaciones previas era diferente: si queríamos saber algo debíamos preguntar a los adultos alrededor o buscar en un libro. Hoy los más jóvenes te preguntan qué quieres saber; el prisma de conocimiento se invirtió.

Hay muchas alertas que no atendemos. Para los adultos los niños no son considerados personas a pesar de que legalmente se les reconoce como sujetos de derecho, a pesar de que la Convención sobre los Derechos del Niño —promulgada hace treinta y dos años— los reconoce como personas con derechos. Esta idea no ha permeado en la sociedad, donde existe una visión de que los niños son objetos, propiedad familiar. Esta concepción se manifiesta en cómo nos referimos a ellos, en si se les escucha o no y en qué situación, en si se les da validez a sus opiniones. Esta concepción es la que nos permite usarlos como rehenes para lastimar al otro.

Hay instituciones que por ley son las encargadas de cuidarlos, de vigilar por su bienestar, porque se cumplan sus derechos, como las procuradurías especializadas de protección de niñas, niños y adolescentes. Está también el DIF, que no tiene presupuesto, ni la capacidad de reaccionar de forma oportuna en la mayoría de los casos. Por su parte, las procuradurías no intervienen en ningún asunto relacionado con desaparición, homicidios, feminicidios infantiles o casos vinculado con el crimen organizado. Este aparato institucional está rebasado para proteger a los más pequeños que viven en violencia familiar, discapacidad o extrema pobreza y, ante esta incapacidad, no hay respuesta ni acción del Estado Mexicano.

Alrededor de mil doscientas niñas, niños y adolescentes ingresan a los hospitales por lesiones cada mes, ya sea porque fueron violentados o porque hubo negligencia en su cuidado. Ya estando internados, debemos reconocer que no todos los médicos y hospitales denuncian por la burocracia del sistema. Los hospitales están saturados y el personal también.

Pongamos como ejemplo el caso de un niño a quien le rompieron el brazo y que presenta otras lesiones. Los padres argumentan que se cayó de la escalera, pero ellos notan signos evidentes del síndrome del niño maltratado. El médico tratante sabe que tiene que presentar la denuncia e ir a declarar, no sólo al denunciar, sino también en el proceso ministerial y, después, en el judicial. Esas horas que utiliza en el caso de maltrato se las quita al hospital. Los y las trabajadores sociales advierten a los médicos que si los pequeños se van con sus maltratadores tras darles el alta corren el riesgo de morir, mientras que los médicos argumentan que no pueden dedicarle el tiempo requerido al proceso. Claro que existen excepciones, pero son las menos.

Los niños no son una prioridad prácticamente para nadie. Discursivamente son el futuro, lo que más queremos en el seno de la familia, pero la realidad es otra. El menor es al que primero te madreas, a quien ignoras, porque no hay quién les dé soporte para defenderse. Esto lo proponen de una forma real y cruda Neil Potsman, en *Desaparición de la niñez*, y Zygmunt Bauman, en *Amor líquido*. Los niños estorban y son considerados una propiedad de la que debiésemos tener alguna utilidad: "¿Para qué me sirve? ¿Para mi deseo sexual? ¿Para desahogar mis frustraciones?" No pasa nada porque "yo lo pago, yo lo alimento". Entre que un niño sea objeto de protección u objeto de deseo hay una línea delgada.

El niño sirve para hacer que los adultos sientan que son buenas personas: una buena madre o un buen padre. Pero, para muchos, como son una propiedad y no seres sintientes que razonan y que son sujetos de derechos, también sirven para satisfacer los deseos sexuales de su círculo cercano, medio, lejano y de desconocidos; sirven para pedir ayuda y dinero, y para cosas inimaginables.

Nuestra batalla permanente es explicar —aunque a muchos no les guste— que así como tienen que revisar su machismo, deben reflexionar también sobre su adultocentrismo. Porque la cultura patriarcal y heteronormada tiene como características principales la ostentación y abuso del poder, machismo, racismo, clasismo y, también, adultocentrismo.

Las culturas patriarcales comparten el deseo y la necesidad de dominación; por ello, es común ver confrontaciones del tipo blancos contra otros fenotipos, hombres contra mujeres, heterosexuales contra las diversas identidades sexuales y, por supuesto, adultos contra menores. Aunque hemos ganado algo de terreno en la lucha contra el machismo, aún falta mucho por hacer. Al mirar alrededor, es posible darse cuenta de que muchas colegas feministas son adultocentristas. Algunas empiezan a notarlo, pero les cuesta un montón.

Por otra parte, llevamos años hablando sobre la desaparición de la niñez, denunciando que los grupos delictivos los usan para generar terror. Hace diez años comenzamos a documentarlo en Guerrero con el fin de ponerlo en la agenda pública, pero nada pasó. Los crímenes contra la infancia crecen exponencialmente porque tienen un efecto: la infancia, discursivamente, es un límite.

Cuando las familias usan a los hijos de cualquier forma, superan un nivel. No se necesita ir muy lejos: aquí en la Ciudad de México, en el Centro Histórico, los grupos delictivos secuestraron a dos niños mazahuas. Los torturaron, los destazaron y los exhibieron porque querían generar terror, mostrar que no tienen límites, que no hay ética, moral o dignidad que los detenga. Lastiman a la niñez para incrementar el cobro de piso en todo México.

Los Zetas comenzaron con esta práctica hace varios años, otros la replicaron y hoy es una práctica generalizada. Ahora todos los grupos delictivos saben que asesinar brutalmente a niños y exhibirlos es rentable, porque surte efecto en quienes piensan en el riesgo que corren sus hijos de tener la misma suerte. ¿Y qué está al fondo de esto? Un Estado débil.

Repito: los niños no son una prioridad para las autoridades, ni la oposición, ni las instituciones, ni los medios de comunicación, ni la sociedad civil. No ven el tema, no lo ponen sobre la mesa, no exigen, no se movilizan, no actúan y no generan políticas para salvaguardarlos. No se hace nada.

Sobre la pregunta: "¿Qué hacemos?", Juan Martín dijo que sería de gran ayuda estimular el periodismo de infancias, hablar de los temas y que se haga conciencia de la situación con el propio gremio. Además, encontrar aliados en el gobierno —porque también hay gente interesada que tiene la facultad de actuar— y crear defensorías de todos los niveles. Considero fundamental que las instituciones entiendan cuál es el interés superior de niñas, niños y adolescentes, y que lo defiendan. Que los jueces hagan lo que les corresponde: impartir justicia. El propósito es que los niños tengan esa equivalencia humana y que no sean vistos como objetos de propiedad.

En Latinoamérica estamos construyendo espacios intergeneracionales. Sabemos que la participación es un derecho de las infancias en el mundo. La iniciativa Tejiendo Redes Infancia acompaña la participación de niñas, niños y adolescentes a través de espacios donde se autogestionan y se enriquecen de sus experiencias. Ejemplo de ello son Nuestra Voz Cuenta y Niñez Observa, espacios de expresión y aprendizaje que le sirven a la sociedad en general para conocer cómo se organizan los adolescentes en los espacios de participación. Realizamos un seminario web que se trasmitió a través de las plataformas de Ollin Tv, un medio de comunicación digital especializado en periodismo de infancias.

Así como las mujeres han logrado hacerse oír y expresarse con sus propias voces, buscamos que esto suceda con la niñez. Cuando los escuchemos, comprendamos y expresemos el respeto que se merecen, seremos capaces de poner a su disposición nuestro poder adulto para que ellos ganen poder también. Para hacerlo, es necesario abrir diálogos intergeneracionales. Necesitamos conocer de su propia voz por qué no pueden salir a la calle, qué les genera miedo, cómo se sienten en la escuela —no sólo académicamente, sino socialmente— cómo están en casa y convertir esos asuntos en temas relevantes a discutir que nos den pautas para actuar para su bienestar, involucrándolos en todo momento y haciéndolos parte de la solución. Urge escuchar sus necesidades y conocer sus propuestas de solución.

Voces de las autoridades

Somos mucho más fuertes cuando nos tendemos la mano
y no cuando nos atacamos, cuando celebramos nuestra diversidad [...]
y juntos derribamos los poderosos muros de la injusticia.
Cynthia McKinney

Entrevista a Dilcya Samantha García Espinoza de los Monteros, fiscal central para La atención de delitos vinculados a la violencia de género del Estado de México

Una de las cosas que han cambiado mucho desde 2016, cuando iniciamos la documentación de feminicidios en el país y el compendio de historias de las mujeres y niñas asesinadas, ha sido el acceso y comunicación con las autoridades. Desde 2018, entablamos una estrecha relación con la Fiscalía General del Estado de México, una de las primeras fiscalías especializada en delitos de género. La maestra Dilcya Samantha García Espinoza de los Monteros, fiscal de la entidad, afirma:

> Todos juntos. La certeza y sencillez de estas dos palabras unidas son la clave para lograr el cambio que deseamos. Sólo así podemos iniciar la tarea de resarcir el tejido social y construir entornos de convivencia sanos para la sociedad, en general, y para los más vulnerables, en particular. Sólo unidos podemos crear y tomar conciencia

sobre la barbarie que implica la violencia en contra de niñas, niños y adolescentes —sin dejar de lado a las mujeres— y frenarla.

El propósito de entrevistar a Dilcya fue contar con una voz desde la autoridad. A continuación, presentamos el resultado de nuestra charla.

Frida: En materia de denuncias de violencia contra niñas y niños, ¿en qué medida han aumentado en el estado?

Dilcya: Quiero empezar por decirte que es importante tener claro un fenómeno cuando hablamos sobre la violencia contra niñas y niños. La categoría "infancia" históricamente no ha tenido el peso que requiere en el ámbito de los derechos.

La infancia ha tenido validez y visibilidad en función de los adultos responsables de su cuidado. Por desgracia, salvaguardar los derechos de un menor bajo la tutela de una institución es diferente a hacerlo con quien cuenta con un núcleo familiar viable y amoroso o quien forma parte de un hogar desestructurado.

Las niñas y niños, por siglos, fueron objetos de protección y no sujetos de derechos. Según estudios de Claude Levi Strauss, el concepto "infancia" como hoy lo conocemos no existía en el pasado. En obras de arte de la Edad Media es notable la ausencia de menores; hay ángeles, querubines o adultos de menor tamaño, pero no imágenes que representen a la niñez.

Estando la infancia y adolescencia en una asimetría de poder respecto del mundo adulto, los abusos, omisiones, maltratos y todas las formas de violencia de las que han sido víctimas suceden en silencio. La concepción cultural de que las infancias son apropiables lleva a la terrible certeza, normalizada en el discurso cotidiano, de que con las hijas e hijos se puede hacer lo que se quiera y nadie debe inmiscuirse, lo que provoca la omisión de quien testifica un acto de violencia sin comprender que es un problema y que nos compete a todos combatirlo a través de la acción. Somos una sociedad que tolera y suscribe la violencia contra quienes tienen el derecho de ser protegidos de forma prioritaria, particularmente en sus espacios de cuidado y atención.

En este contexto, el incremento en las denuncias por violación contra niñas y niños, por ejemplo, aumentó tan solo en 1.18 por ciento. En el 2020 se tuvieron un total de 903 víctimas, en tanto que en el 2021 se atendieron 1068 menores en las agencias del Ministerio Público del Estado de México. La pequeña cifra se justifica porque la mayoría de las violencias que sufren las infancias es generada por sus progenitores, abuelos, tíos, primos, profesores y otras figuras de autoridad; es decir, de quienes deberían respetar y hacer cumplir los derechos de estas niñas y niños. Quienes deben denunciar el delito son los responsables de éste.

En muchas ocasiones, los menores no saben si los actos de estos adultos están dentro de sus facultades como garantes; en la mayoría de las ocasiones asumen que sí. Posteriormente pueden hablarlo con alguien e identificar que son víctimas de la comisión de un delito, o bien, reproducir las conductas.

Por desgracia, los núcleos familiares o institucionales en ocasiones se convierten en cómplices del maltrato, anteponiendo intereses sociales o para evitar consecuencias legales en la defensa de los menores, cuya vida está en sus manos.

Frida: Si existe una Procuraduría de niñas, niños y adolescentes, ¿por qué recae en la Fiscalía el proceso judicial de estas denuncias?

Dilcya: Las procuradurías de niñas, niños y adolescentes no son un órgano jurisdiccional ni una instancia investigadora. Fueron creadas para generar una representación legal por parte del Estado para los menores que así lo requieren, particularmente cuando han sido víctimas de quienes tienen su patria potestad, guarda y custodia, tutela u otras figuras que crean la obligación de garantizar sus derechos.

Las procuradurías deben ser instancias que reconozcan y hagan reconocer a los menores que han sido víctimas de delitos como personas sujetas de derechos ante el Ministerio Público del Poder Judicial y cualquier instancia vinculada. La Procuraduría de Protección de niñas, niños y adolescentes en el Estado de México y el SIPINA están buscando impulsar políticas públicas sustentadas en la promoción y respeto a los derechos, que suplan las visiones asistencialistas, minoristas y objetivizantes de niñas y niños.

Frida: ¿Cuántos menores son violentados diariamente? En los casos de violencia extrema, ¿cuántos sobreviven?

Dilcya: La violencia contra niñas y niños, al igual que la violencia contra las mujeres, es un fenómeno estructural. En el contexto sociocultural en que nacemos y crecemos, es difícil que alguien no haya sido sujeto de alguna forma de violencia en la infancia, ni siquiera de forma dolosa, sino por la reproducción de patrones de crianza y de concepción de la niñez.

En la infancia se genera una enorme capacidad de resiliencia que ayuda a la supervivencia en los escenarios más deshumanizados y cruentos. Esta reflexión es compleja porque cada persona desarrolla mecanismos de autocuidado en función de su historia de vida. Todos, sin duda, hemos sobrevivido a alguna experiencia adversa.

Las estrategias para sobrevivir nos acompañan una buena parte de nuestra vida. A veces es necesario trabajar en terapia para dejarlas, pues en una situación de vida distinta una vivencia se puede asociar con una pasada, generando disfunciones relacionales, incluso la reproducción de actos violentos.

La niñez dista de ser una etapa idílica; es compleja y llena de situaciones de riesgo. Por esa razón, niñas y niños cuentan con todos los derechos que se tienen en la vida adulta además de un universo adicional que busca arropar la evolución humana en las etapas de crecimiento. De aquí deriva el principio de autonomía progresiva de los derechos de la infancia.

Frida: ¿Quiénes ejercen estas violencias contra la infancia?

Dilcya: Los principales, por desgracia, son quienes se encuentran en su núcleo más próximo: familias, amistades cercanas, docentes, ministros de culto, médicos. Quienes están en una posición de poder dentro del circuito de relaciones de la víctima son, en su mayoría, los imputados como agresores. Sin embargo, dada la visión que se tiene de la niñez en el entorno social, el abuso por parte de desconocidos parece sencillo y se concibe impune, por lo que también existe un peligro de ser víctima de un delito en el espacio público cuando se es menor de edad.

La trata, en sus diversas modalidades, tiene un alto porcentaje de víctimas infantiles. La trata sexual de niñas, la pornografía infantil, los adolescentes sicarios y halcones, los niños jornaleros agrícolas y los menores en mendicidad forzada forman parte de un paisaje, según lo denomina Elena Azaola, invisible para gran parte de la sociedad.

Frida: ¿Qué provocó el aumento de la violencia contra menores?

Dilcya: La violencia contra los menores no ha crecido. Siempre ha existido, incluso como parte de la educación, tanto en espacios formales como informales. Siempre se ha aceptado y suscrito. Más bien, ahora se ha visibilizado. Se ha empoderado a la persona sujeta de sus derechos —las niñas, niños y adolescentes— mediante el reconocimiento de la dignidad humana, los derechos humanos de la infancia, el interés superior de la niñez, los estándares internacionales y las instituciones y leyes que derivan de los mismos. Debido a ello, tienen mayor conocimiento de sus derechos, al igual que sus redes adultas.

En el contexto pandémico, la denuncia se hizo posible gracias a las capacidades de manejo de tecnología de un porcentaje importante de la población infantil. Pero el mismo contexto propició que los episodios de violencia fueran más frecuentes y las posibilidades de escapar se redujeron. Cada vez más, las niñas, niños y adolescentes buscan ejercer sus derechos, lo que los pone en una posición de riesgo, pues quien siempre ha tenido el poder querrá conservarlo mediante la violencia. La transición de los derechos tiende a seguir este proceso hasta que se logra el equilibrio.

Los protocolos especializados, aplicados en el mejor de los casos por instancias especializadas, buscan mayor eficacia en los procesos de denuncia de niñas, niños y adolescentes. Se pretende lograr su protección y formar redes de apoyo.

Frida: ¿Consideras que nos "perdimos" como sociedad?

Dilcya: Creo que tenemos mucho que replantearnos como sociedad. En una comunidad desigual, donde no tenemos las mismas oportunidades, donde parece que detenernos a pensar en el otro nos pone en riesgo, la conciencia colectiva se pierde y cada persona se vuelca en el interés individual, lo que nos fragmenta y nos deja profundamente solos, aun estando entre millones.

Pensar que lo que le sucede al otro no nos atañe reduce de forma lastimosa la capacidad de transformación de la sociedad. Debemos dar un salto cuántico y asumirnos como un todo social, involucrarnos en las problemáticas de nuestro entorno y ser parte activa de una solución comunitaria. La indiferencia, la complicidad, el individualismo y la falta de empatía mata, viola y explota cada día a millones de niñas, niños y mujeres.

Frida: ¿Qué le toca a la Fiscalía a tu cargo resolver ante la violencia contra menores?

Dilcya: Esta Fiscalía atiende delitos contra niñas, niños y adolescentes, ya sea en las agencias especializadas de violencia sexual y de género (AMPEVIS), en los centros de justicia para las mujeres o en las agencias para niñas, niños y adolescentes (ANNAES). Hemos creado dictámenes y herramientas de acompañamiento de alta especialidad para que las infancias tengan justicia.

No sólo se integran carpetas de investigación, se busca un cumplimiento multiespectral en los derechos de la infancia. De la mano con el Tribunal, SEMUJERES, DIFEM, CEAVEM y, cuando se requiere, COBUPEM, buscamos las mejores alternativas para los menores y sus redes de apoyo. El espíritu que buscamos que impere en quienes están en la Fiscalía es que somos parte de estas redes.

Frida: Hay una responsabilidad del Estado mexicano para evitar la violencia, pero ¿y la sociedad?

Dilcya: La sociedad es copartícipe indubitable de la evolución hacia una vida libre de violencia. Cada persona debe hacer sus propios actos transformadores en su espacio de influencia, por pequeño que parezca.

Como hemos comentado ya, nada, ni siquiera el Estado mexicano, se encuentra fuera del todo social. Uno supone al otro. No hay una prohibición del Estado que sea eficaz si la sociedad no la acompaña con una condena colectiva. La reflexión comunitaria es la que realmente hace posible la evolución. Una sociedad indiferente o cómplice es una sociedad corresponsable de la violencia.

Frida: ¿Qué mensaje se manda con las sentencias que ustedes han logrado contra los agresores?

Dilcya: Con las sentencias que meten en la cárcel a un feminicida, violador o agresor, se busca decir a la víctima, directa o indirecta, que nos importa, que no está sola, que sabemos su dolor y que es nuestro de muchas formas. Y, también, que no descansamos hasta hacer que quien les hizo daño viva la experiencia de legalidad que le toca, ni más ni menos. Sin venganza, sin displicencia, como es lo correcto para quienes defendemos desde las instituciones a quienes sufren la comisión de un delito, buscando dar la mejor versión de la justicia para las víctimas.

Asimismo, buscamos decirles a las víctimas que no se han acercado que confíen en nosotros, que iremos de la mano, que las instituciones no son perfectas y tienen muchos pendientes por resolver, pero hay que ponerlas a trabajar y señalar sus errores para que mejoren por el bienestar colectivo.

Y a los agresores, les decimos que vamos por ellos. Que el espíritu de esta Fiscalía es no olvidar a nadie y que no pararemos hasta encontrar a cada uno para impedir que vuelvan a dañar.

Frida: Como mujer y ser humano, ¿cómo te hace sentir la violencia que atestiguas diariamente?

Dilcya: Enfrentar la violencia cada día es abrir tu condición humana para arropar a quien viene destrozado. Cada persona que acude a nosotros llega con una situación particular que nos reclama por completo. Es un proceso diferente en cada caso. Quienes servimos con vocación hacemos nuestro su dolor.

Debemos permitirnos sentir la angustia, el miedo, la pérdida, para hacer un compromiso de fondo con cada persona y no parar hasta resolver cada caso. Un jefe mío un día me preguntó cómo hacía para soportar tanto sufrimiento. Mi respuesta fue: volcar esos sentimientos tan devastadores y lograr lo que cada familia merece tener. Más allá de las competencias, del tramo de responsabilidad, de lo que dice el "librito" que le toca hacer a cada uno, hay que dar lo que dicta el sentido del deber y el corazón. Así también sanamos nosotros.

Siempre la recompensa es la alegría que se siente al lograr poner un ingrediente de bienestar en la vida de quien llega a estas puertas. Hay que llenarse de luz para ayudar a quienes han sufrido violencia, y esa luz sólo viene de esas intervenciones que aportan a la justicia de cada persona todos los días.

Frida: ¿Nos puedes compartir datos duros sobre cuántos niños, niñas y adolescentes han sido asesinados de enero de 2020 a noviembre 2021?

Dilcya: En el Estado de México, entre enero de 2020 y noviembre de 2021 ciento noventa y cuatro menores fueron privados de la vida: treinta y un niñas y ciento sesenta y tres niños. Fueron treinta y siete feminicidios infantiles en este periodo.

Frida: ¿Cuántos niños, niñas y adolescentes han sido violados de enero de 2020 a noviembre 2021 en el Estado de México?

Dilcya: En este periodo, se abrieron mil novecientas setenta y un carpetas de investigación por violación contra niñas, niños y adolescentes.

Frida: ¿Cómo paramos todos juntos la violencia contra menores?

Dilcya: Así, en conjunto, cada quién desde su posición. Sin concentrarnos en lo divergente, sino en aquello que tenemos en común, se traza el camino de la paz y la erradicación de la violencia en cualquiera de sus expresiones.

Las personas individuales, las organizaciones y las instituciones cuando nos unimos somos imparables. La experiencia en la academia, en la investigación, en el saber jurídico, en la calle, en el acompañamiento generoso hacia la víctima, en el dolor de ser víctima, en el no querer serlo, todo en conjunción nos ha dado la lección de que "juntos" es la forma. Sin duda con metodología y estructura, pero sin que nadie falte. Por eso jamás trabajamos sin ir de la mano de las organizaciones y las familias.

El ejemplo es la alianza que tenemos con FridaGuerrera. Ha dado frutos de la mayor relevancia para captar agresores. Los aportes que cada quién establece en esta alianza han llevado paz a muchos corazones. Con ello podemos acreditar que la unión entre las personas que forman parte de la causa, sin importar la trinchera, genera una enorme luz donde hay oscuridad.

ENTREVISTA A FABIOLA ALANÍS,
TITULAR DE LA CONAVIM

En febrero de 2020, cuando solicitamos al presidente de la República, Andrés Manuel López Obrador, que volteara la mirada hacía el eterno infierno de la violencia contra las mujeres, niñas, niños y adolescentes, lo hicimos con la intención de que él, como máximo representante del Estado mexicano, enviara un mensaje contundente a las autoridades de la Federación para que pusieran atención y reconocieran la gravedad del problema. Hoy continuamos insistiendo en nuestra solicitud.

En aquella mañanera, insistimos en la necesidad de crear una Fiscalía especializada en delitos de género federal, algo que no se ha tomado en cuenta. También solicitamos que se llevará a cabo un informe semanal, sustentado en datos, sobre feminicidios y violencia contra niñas, niños y adolescentes. Este informe se ha hecho sólo en cinco ocasiones desde 2020. Una de las encargadas de compartir dichos informes es la maestra Fabiola Alanís, titular de la Comisión nacional para prevenir y erradicar la violencia contra las mujeres (CONAVIM), una entidad del gobierno federal mexicano que fue creada como un órgano administrativo desconcentrado de la Secretaría de Gobernación.

La maestra Alanís es una de las pocas personas que, desde el gobierno federal, nos apoya para lograr justicia en las entidades donde no tenemos cercanía con las autoridades. Aunque no es su papel, nos ha ayudado a vigilar distintos procesos en estados como Jalisco y Veracruz.

Fue una de las dos voces oficiales en todo el país que accedió a charlar con nosotros. Entre enero y noviembre de 2021, desde la CONAVIM han acompañado veintiséis casos a nivel nacional de mujeres menores de edad, de los más de seiscientos cuarenta en los que hemos coadyuvado durante este año, derivado del monitoreo diario.

Aunque no le corresponde mantenerse al tanto de la cantidad de niñas, niños y adolescentes que son lastimados en México, Fabiola Alanís nos comenta que, conforme a los datos de la Secretaría de Salud, en 2020 se atendieron a quince mil trescientas noventa y cuatro niñas, niños y adolescentes con lesiones ocasionadas por algún acto de violencia. De acuerdo con los datos, en 75 por ciento de los casos quien agredió a las y los menores de edad fueron sus familiares o integrantes de su núcleo social próximo. En el resto se trató de un desconocido.

Frida: ¿Qué le toca hacer a la institución a tu cargo frente a la violencia contra niñas, niños y adolescentes?

Fabiola: Nuestra responsabilidad institucional es coordinar los esfuerzos de los tres órdenes de gobierno para que se implementen, de manera adecuada, las estrategias y políticas para la prevención y erradicación de la violencia contra las mujeres.

No tenemos ninguna atribución específica en el caso de menores de edad. Sin embargo, somos conscientes de que la violencia en razón de género se manifiesta de manera diferenciada por rangos de edad, por lo que hacemos todo lo posible para revisar que las políticas de prevención y erradicación de los diferentes órdenes de gobierno contemplen estas diferencias.

De manera particular, en esta etapa estamos llamando y hablando con autoridades locales para que pongan más atención en los casos de violencia contra niñas derivado del escenario tan complejo que enfrentamos.

Frida: Querida Fabiola, como mujer y ser humano, ¿cómo te hace sentir la violencia de la que conoces diariamente?

Fabiola: Cala hondo, lastima. Hay que hacer esfuerzos extraordinarios para salirle al paso a cada caso que llega a tus manos. Es frustrante comprobar casi siempre que el acceso a la justicia es una ruda carrera de obstáculos, inaccesible, agobiante e indignante. A este país le urge una reforma de gran calado en materia de procuración e impartición de justicia para atender los delitos por razones de género.

La política anticorrupción desplegada por el presidente Andrés Manuel López Obrador es un avance muy importante; sin embargo, en el Poder Judicial no ha permeado lo suficiente, los avances parecen insignificantes.

Las mujeres son las buscadoras de justicia cuando han perdido a una hija de manera violenta o cuando no regresa a casa; casi siempre son ellas las que deben hacerse cargo de los hijos en orfandad por feminicidio.

Las madres de víctimas de feminicidio, al cabo de algunos meses de peregrinaje y de intentar resolver entuertos burocráticos y legales, terminan aprendiendo de memoria leyes, protocolos y convenciones internacionales.

Las hemos escuchado dictar magistralmente los derechos de las mujeres contenidos en la CEDAW o en Belem Do Pará, en la Ley General de Acceso a las Mujeres a una Vida Libre de Violencia, y en el modelo de protocolo latinoamericano para el delito de feminicidio.

Las madres, hermanas, las hijas de las víctimas de violencia feminicida nos interpelan virtuosa y sensiblemente todos los días.

En el diálogo de Hannah Arendt sobre la condición humana, sobre la capacidad de destruir al otro y de naturalizar la violencia, encontramos pistas sobre una de las conductas más abominables del ser humano: la violencia contra niñas, niños y adolescentes, sin importar la edad ni la condición socioeconómica. En nueve de diez casos la violencia sexual contra las niñas es perpetrada por familiares cercanos, conocidos, padrastros o incluso padres biológicos.

Desde nuestra perspectiva, la violencia por razones de género parece estar subsumida en una cultura patriarcal milenaria que subordina a la mujer, la discrimina casi siempre por su condición de clase y ahí otro elemento causal de ese tipo de violencias: hay una feminización de la violencia por razones de género.

De la queja a la acción

No soy la única, pero aun así soy alguien.
No puedo hacer todo, pero aun así puedo hacer algo;
y justo porque no lo puedo hacer todo,
no renunciaré a hacer lo que sí puedo.
HELLEN KELLER

Cuando iniciamos nuestra labor en 2016, trabajábamos sólo Daniel, mi compañero de vida, y yo. Antes de empezar todo esto, teníamos la meta de ahorrar para comprarnos un terreno en un lugar apartado de la ciudad y que yo dejara de hacer periodismo. Sin embargo, inicié con la documentación diaria de feminicidios. Utilizamos lo poco que teníamos ahorrado para ayudar a quienes nos necesitaban, así como para cubrir gastos como la gasolina, vivienda y los servicios necesarios.

Cuando estábamos en la investigación de Lupita, Rich —no puedo utilizar su nombre completo por seguridad— me envió un mensaje directo para decirme que desde 1998 se dedica a la investigación privada y que me podía ayudar a dar con las ubicaciones y datos de presuntos asesinos. Honestamente, no le creí mucho; le agradecí y continué con el trabajo de identificar a mi niña.

Cuando recabé más información, lo contacté y le pedí datos de la madre y el padrastro. Me preguntó qué habían hecho. No le dije. Curiosamente, él pensaba que era imposible que diéramos con la identidad de la niña. Daniel y yo continuamos y muchos conocen el desenlace: supimos quién era la bebé, su familia y asesinos. El caso de Lupita fue el primero donde ayudamos a la detención de los responsables de ultimarla.

Yadira y Pablo fueron detenidos por delitos contra la salud el 18 de diciembre de 2017. El 24 de diciembre del mismo año, se les ejecutó la orden de aprehensión por el feminicidio de Lupita. El 4 de septiembre de 2019 fueron sentenciados a ochenta y ocho años de cárcel cada uno.

Desde entonces Rich, mi segundo colaborador, nos ha ayudado a ubicar a presuntos asesinos, a secuestradores y violadores. Al principio era más difícil porque lo hacíamos sin apoyo de la Fiscalía. En agosto de 2018, el fiscal general del Estado de México, Alejandro Jaime Sánchez Gómez, se reunió conmigo para empezar a atender a las familias de Voces de la Ausencia. En el encuentro le hicimos saber que deseábamos cooperar para ubicar y detener a los presuntos asesinos.

El fiscal accedió a darnos elementos para ejecutar detenciones con un grupo especial. El objetivo es replicarlo con todas las fiscalías estatales; sin embargo, hay mucha resistencia. Afortunadamente a partir del 2021 la fiscal general de la Ciudad de México, Ernestina Godoy Ramos, platicó con nosotros para hacer posible nuestra cooperación con el objetivo de tener justicia para las familias que acompañamos, y para las que no, también.

No son fechas, son vidas, son dolor

El 9 de abril de 2017, Israel Valentín Montaño Aguilar disparó a sangre fría a Gaby, la hermana de su esposa, porque ella impidió que siguiera lastimando a su hermana, quien sufría maltrato sistemático por parte del sujeto. Gracias a una persona valiente que lo vio en Iguala, Guerrero, y nos compartió su ubicación, ayudamos a ubicarlo y detenerlo en agosto de 2018. El 21 de agosto de

2020 fue sentenciado a cincuenta y cinco años de prisión por el feminicidio.

El 15 de marzo de 2018, Graciela Cifuentes y su hija Gatziella Sol Cifuentes fueron brutalmente asesinadas dentro de su domicilio en la colonia Santa Rosa Xochiac, en la alcaldía Álvaro Obregón. El responsable, además de privarlas de la vida, robó dentro del mismo domicilio para después incendiarlo con el propósito de eliminar cualquier evidencia. El principal sospechoso era el novio de Sol, Alan Jonathan Romero Tirado. En agosto de 2019, Alan fue detenido después de que Rich entregara datos de la investigación que realizó con Raúl, el hermano de Graciela, a la Fiscalía de la Ciudad de México. El 23 de noviembre de 2020 fue sentenciado a setenta años de prisión por el doble feminicidio.

En octubre de 2018 asesinaron a golpes a César Emiliano y dejaron su cuerpo en la calle. Tras el hallazgo, nos dimos a la tarea de buscar, como en el caso de Lupita, su identidad, familia y asesinos. En enero de 2019, ubicamos a Karla Viridiana. El 23 de marzo de 2021, Karla fue sentenciada a cincuenta y cinco años de cárcel por el homicidio de su bebé de año y medio. Luis Enrique Domínguez Hernández, padrastro del bebé y pareja de Karla, fue ubicado y detenido en enero de 2020. El 28 de septiembre de 2021 fue sentenciado también a pasar cincuenta y cinco años en la cárcel.

Ana Mireya Marmolejo Bustos era una madre, hermana e hija amorosa y querida. El 9 de febrero de 2017 la vieron acompañada de su pareja sentimental; poco después de las 23:00 horas, su cuerpo fue localizado sin vida muy cerca de su domicilio, en Ixtapaluca, Estado de México. Rich ubicó a Adrián Guerrero Cabrera, pareja y presunto asesino de Ana Mireya, en Morelia, Michoacán. En marzo de 2019 fue detenido en colaboración con las autoridades del estado. El 25 de junio de 2021 Adrián fue sentenciado a cincuenta y cinco años de prisión por el feminicidio de Ana Mireya.

El 6 de noviembre de 2017, Jessica Nayeli, de dieciséis años, fue privada de su libertad y asesinada en el municipio de Tlalnepantla, Estado de México. Tras siete meses de investigación realizada principalmente por la familia de Jessica, la Fiscalía ubicó y detuvo a tres de los involucrados en julio de 2018: Jaqueline Atziri Vélez Mata, Jorge Omar Barrera Licona y Jesús Fernández Sánchez.

En febrero de 2019, Rich ubicó a Luis Daniel Aguilar Ramírez y Carlos Josué "N" en San Luis Potosí. Se trasladó con el equipo especial al lugar y lograron detenerlos. En junio de 2020, Jaqueline, Jorge Omar y Jesús recibieron sentencia condenatoria de noventa y cinco años cada uno por el secuestro y feminicidio de Jessica. Luis Daniel, el cuarto involucrado y quien habría disparado contra la joven, fue sentenciado a ciento cuarenta años por secuestro y feminicidio. Sin embargo, Carlos Josué, quien era menor de edad, fue puesto en libertad por órdenes de la jueza Margarita Romero, quien consideró que no se habían presentado las pruebas en tiempo y forma.

Carolina Rebeca Ortega Martínez, con diecinueve años, fue víctima de feminicidio de manos de quien tenía su confianza: su pareja sentimental, Luis Iván González Jiménez. La ultimó el 25 de octubre del 2015 en el municipio de Chalco, Estado de México. El responsable se mantuvo prófugo tres años; nuevamente, la investigación de Rich ayudó a su ubicación y detención en 2019. El 15 de julio de 2020, Luis Iván fue sentenciado a cincuenta y cinco años de prisión por el feminicidio de Carolina.

Al ver la eficacia y compromiso con el que hemos contribuido, en la Fiscalía del Estado de México le solicitan apoyo a Rich para ubicar a otros imputados. Juan Manuel Pacheco Bautista es uno de ellos. Rich lo trabajó con el equipo especial, lo ubicaron y procedieron a ejecutar la orden de aprehensión emitida en agosto de 2015. La detención se llevó a cabo el 9 de mayo de 2019. Según la información, el sujeto habría asesinado a Hermilia, su pareja, en febrero de 2013. Tras ultimarla después de una riña, abandonó su cuerpo en Acolman, Estado de México. Hasta el momento, no hemos logrado localizar a la familia de la víctima. Lamentablemente, este individuo fue liberado durante el proceso judicial; hasta hoy desconocemos la razón.

En enero de 2012, Daniel Trejo Lozano asesinó brutalmente a Julieta Arias, luego de que ella le reclamara una infidelidad con su prima. Tras ultimarla, el sujeto huyó con la prima. En julio de 2019, después de siete años de impunidad, Daniel fue detenido y puesto a disposición de las autoridades del Estado de México.

Karla Elizabeth Meza Valencia fue asesinada el 19 de septiembre del 2010 en Netzahualcóyotl, Estado de México. Oscar Pablo "N" le disparó, ocasionándole la muerte. Durante nueve años estuvo prófugo. El 3 de septiembre de 2019 Oscar Pablo "N" fue capturado después de que Rich pudo ubicarlo. La detención fue realizada por un grupo especial de la Fiscalía.

Francisco Mendoza Gómez fue detenido el 30 de agosto de 2019 en Ecatepec, Estado de México. Fue la insistencia y la constancia de Heidi, sobrina de Xóchitl Ivette Ávalos Díaz, la que ayudó a ubicarlo. Xóchitl fue asesinada el 8 de agosto de 2017 en su casa en el mismo municipio. Desde ese momento Heidi nos buscó y no cesó hasta ubicar al asesino de su tía.

La madre del novio de Micaela Chávez Elizalde fue quien me contactó durante una conferencia en Naucalpan, Estado de México. Me pidió apoyo para darle justicia a Mica, a quien asesinaron el 5 de febrero de 2017. El 5 de septiembre de 2019 me contactó vía telefónica el padrastro de Mica para hacerme saber que habían visto a Juan Carlos Marcos Santiago, el presunto culpable. Acudimos Rich, el grupo especial y yo al lugar. El 7 de septiembre Rich y el grupo especial lo detuvieron. El sujeto está en espera de sentencia.

En febrero de 2017, policías de San Bernardino en California, Estados Unidos, fueron notificados que Sophía Darleen

Vásquez, de treinta y un años, había sido baleada por Christian Omar Jacinto Casio. El sujeto huyó hacia México. Meses después del crimen, conoció a Azucena Ríos Hurtado, una joven madre de veinte años, en Nezahualcóyotl, Estado de México. El 30 de agosto de 2018 Christian Omar asesinó a Azucena en su casa. El sujeto nuevamente huyó. En octubre de 2019, una mujer valiente me contactó a través de Facebook para aportar datos sobre la ubicación de Christian Omar, quien se ocultaba en Mazatlán, Sinaloa. Compartí la información con Rich y, en octubre de 2019, fue ubicado y asegurado. El 27 de enero de 2021 se le dictó una sentencia condenatoria de cincuenta y cinco años de prisión por el asesinato de Azucena.

En 2005, Citlaly Fernández Cruz mandó a asesinar a María del Carmen, a quien señalaba como amante de su esposo. El 14 de noviembre de 2019, luego de ubicarla trabajando en la Ciudad de México, Rich y el grupo especial detuvieron a la mujer, que enfrenta un proceso judicial por homicidio.

En el 2005, Ulises Clavijo Cornejo asesinó a su hija, Dulce María Clavijo Villegas. El sujeto dejó amarrada a la niña de tres años. Rich realizó una investigación muy exhaustiva y logró ubicar al sujeto en 2019 en Monterrey, Nuevo León. El 31 de octubre de 2019, después de catorce años de impunidad, Rich y el equipo especial lo detuvieron. El asesino sigue en proceso judicial por el delito de feminicidio.

Oscar García Guzmán, el mal llamado "Monstruo de Toluca", privó de la libertad a Jessica Guadalupe Jaramillo en octubre de 2019. Después de varios días en los que los padres de Jessica vigilaron el domicilio del sujeto, la casa fue cateada. El 31 de octubre encontraron asesinada a Jessi dentro del domicilio. Ese mismo día se llevó a cabo la búsqueda de dos víctimas más y se dio con los restos de Adriana González y Martha Patricia Nava. El asesino huyó.

Días más tarde, Oscar se burló de las familias y de las víctimas al publicar en su Facebook sus rostros, acompañados de la frase:

"Para agarrar a un asesino en serie debes pensar como uno". Esa publicación me llenó de rabia, por lo que utilicé el mismo medio para publicar su foto y una nota: "Oscar García Guzmán, eres un pendejo, aquí te espero, a ver si eres tan chingón". El sujeto me escribió de inmediato. Mantuvimos comunicación del 20 de noviembre al 6 de diciembre de 2019. El caso es muy conocido internacionalmente. Tristemente, el victimario me reveló el asesinato de Tomás Chávez, padre de Mónica, a quien quitó la vida en octubre de 2012.

Elementos de la Fiscalía, encabezados por el comandante Rueda, lo ubicaron y detuvieron el 6 de diciembre, segundos después de enviarme su último mensaje. Es importante aclarar que las autoridades ofrecieron una recompensa de trescientos mil pesos por la ubicación de Oscar; es la única que he cobrado, y lo hice por insistencia del fiscal general.

Dicha recompensa nos ayudó a mí y a las familias de Voces de la Ausencia a enfrentar el SARS-COV2, pues me la entregaron al inicio de la pandemia. Oscar ya fue sentenciado por la desaparición de Jessica y vinculado a proceso por el homicidio de Tomás y los feminicidios de Mónica, Adriana, Martha Patricia y Jessica. Además, fue sentenciado en septiembre de 2021 a doce años por la violación de una víctima que, afortunadamente, sobrevivió.

El 29 de septiembre de 2017, en Tlalmanalco, Estado de México, Ernesto Cruz Torres golpeó severamente a Nelly Lorena, quien murió a consecuencia del ataque. El agresor fue detenido el 26 de marzo de 2020.

El 24 de marzo de 2016 Oscar Ochoa Córdoba, luego de sostener una discusión con su pareja sentimental, Itzel Alejandra, la asesinó y huyó. Fue investigado por Rich y detenido el 28 de junio de 2019.

El 17 de septiembre de 2018 Rodrigo Iván Castillo Castillo asesinó a Karla Lorena García Lozano y huyó. La orden de aprehensión fue girada en octubre del mismo año. El 20 de marzo del 2019 se realizó la detención del individuo, quien está en proceso judicial por el delito de feminicidio.

El 2 de noviembre de 2013, Porfirio Martínez Tienda de Jesús estaba en su domicilio con sus hijos menores en el municipio de Tultepec, Estado de México. Una de sus hijas, Stephanie Saraí, cuidaba a un bebé de nueve meses, hijo de su vecina, Guadalupe, quien dejaba al menor bajo su cuidado mientras trabajaba en las noches. Esa noche el pequeño lloraba mucho y Porfirio lo arrojó contra la pared para hacerlo callar.

La consecuencia del golpe fue muy grave. El criminal abandonó al día siguiente al pequeño en el DIF municipal, donde murió. El sujeto fue ubicado y detenido el 7 de marzo de 2020, siete años después. Luego del proceso judicial, fue sentenciado el 7 de noviembre de 2021 a setenta años de prisión por el homicidio del bebé.

José Luis Hernández Sosa violó durante un periodo prolongado a una pequeña a quien nadie creía que estaba siendo violentada. Con quince años, Rich la llevó conmigo y le dijimos que nosotros sí le creíamos, pero que debía denunciar. La pequeña, acompañada por su mamá, lo hizo.

El sujeto fue detenido el 24 de febrero de 2020. El día de su detención, la menor nos agradeció con un paquete de galletas. El 22 de marzo de 2021 José Luis fue sentenciado a ocho años y siete meses por la violación de la pequeña.

En febrero de 2019, dos videos me hicieron sentir ganas de morir: me rompí cuando en el primer video vi que una mamá estaba violando a su beba y, en el segundo, Ana Gabriela Velasco Pérez estaba transmitiendo en vivo cómo su hija de seis años masturbaba a José Luis, su pareja. Me quedé helada.

Establecí contacto inmediato con la directora de la policía de Valle de Chalco, Estado de México, la comandante Verónica Pérez, una gran aliada en esta lucha. Ella me decía que no, que la niña ya estaba resguardada. Yo le insistía en que el video era en vivo. Le proporcioné los datos y me dijo: "Fri, son dos casos diferentes".

Inició la búsqueda de Ana Gabriela, a quien se detuvo por una falta administrativa. La mujer fue sentenciada a diez años de cárcel por pornografía infantil en febrero de 2020. Aún falta capturar a su pareja.

Centramos los esfuerzos en dar con el paradero de la mujer del otro video, Maura Hernández Hernández. Rich la ubicó y, en compañía del comandante Rueda, la detuvieron en marzo de 2019, en Tecámac, Estado de México. Al percatarse del operativo, la pareja sentimental de Maura, que grabó el video, se suicidó colgándose de una cuerda. Maura fue sentenciada a treinta y cinco años de prisión por violación de su hija en junio de 2019.

En la madrugada del 9 de abril de 2017, Noé Frutis Salas y Anahí Hernández Cisneros acudieron a un departamento ubicado en la colonia Jardines de San Mateo, en Ecatepec, Estado de México. En el domicilio se encontraba Guillermina reunida con otras personas. Noé y Anahí la sometieron, la obligaron a salir del domicilio y la trasladaron a un terreno en Laguna de Chiconautla, donde la golpearon hasta la muerte y abandonaron su cuerpo. El 12 de febrero de 2020 fueron detenidos y puestos a disposición. En noviembre de 2021 fueron sentenciados a cuarenta y seis años de prisión por el feminicidio.

En enero de 2011, Gabriel Peñuñuri Herrera asesinó a su exesposa Yaneli de la Sancha Neria luego de que le exigiera la pensión para su pequeña hija. Rich realizó la investigación para ubicar al sujeto. Fue detenido en Guanajuato el 25 de julio de 2019.

El 4 de abril de 2014, Ricardo Alberto Villaseñor Cano, pareja sentimental de Marcela, la atacó después de una discusión. El sujeto se mantuvo prófugo desde entonces. El 20 de enero de 2020 fue ubicado y detenido por Rich y el grupo especial de la Fiscalía. El 6 de mayo de 2021 fue sentenciado a cincuenta y cinco años de cárcel por el feminicidio.

En 2017, Claudia Ivonne y María del Rosario drogaron a Anayeli, quien estaba a punto de dar a luz a su bebé. Sacaron al bebé del vientre de su madre y lo asesinaron en un supuesto ritual satánico en Ecatepec, Estado de México. María del Rosario fue detenida en octubre 2020 y Claudia en octubre de 2021, esta última en Tijuana, Baja California. Ambas se encuentran en proceso por el doble homicidio.

Danna, una pequeña de dos años, estaba en calidad de desaparecida en Valle de Chalco desde el 7 de septiembre de 2020. Contacté a la maestra Sol Salgado Ambros, comisionada de Búsqueda del Estado de México, después de recibir un volante de búsqueda de la pequeña. Le pregunté a Sol si sabía algo del tema y me dijo que sí. Me trasladé de inmediato a Valle de Chalco con el comandante Juanito, jefe de la célula de búsqueda de la localidad. Iniciamos los trabajos de localización inmediatamente, a los que se sumó Sol. Ese domingo, en Chimalhuacán, conocimos al padre de Danna y a sus abuelos.

Erika Janeth, la madre de Danna, era la única que sabía qué había pasado con la pequeña. Al cuestionarla, nos dio múltiples versiones. Primero, dijo que se le había caído en el canal por Chimalhuacán, pero fuimos a buscar y no encontramos nada. Después, que la había enterrado en el panteón donde dormía con la niña, pero recorrimos tres panteones y tampoco la encontramos. Más tarde, que la había tirado en la laguna de Chalco, pero ahí tampoco estaba. Decidimos continuar la búsqueda en el lugar al día siguiente, muy temprano. Entonces, Erika me dijo: "Ya, te voy a decir la verdad, un sujeto me dijo que se la vendiera. Yo tenía hambre y él me ofreció dinero y se la di".

El comandante Juanito me comunicó que estaban reportando el hallazgo con vida de una niña con las características de Danna en un fraccionamiento de Ixtapaluca. Nos mostró la foto y el padre de Danna la reconoció de inmediato.

Los vecinos que encontraron a Danna la cuidaron hasta que llegó la policía por ella. Ese mismo día fue integrada a su abuela paterna Itzia, quien hasta el momento la cuida como el más grande tesoro. Erika Janeth Juárez González fue sentenciada a dieciocho años por trata de personas el 20 de septiembre de 2021. La cooperación de las autoridades, el interés y amor del padre de la pequeña, el vocear durante largas horas, pegar el rostro de la pequeña en Valle de Chalco, Chalco, Chimalhuacán, Ixtapaluca y Nezahualcóyotl, hizo posible que el sujeto que la tenía la dejara cerca del fraccionamiento donde la encontraron.

Respetar el dolor debe ser un principio de conciencia

El 19 de abril de 2012 Karen Briseida, de trece años, salía de la secundaria en compañía de sus amigas, que notaron que las seguía Marcos Santiago León Melquiades. Las menores se separaron. Minutos después los padres de Karen empezaron a buscarla. Lamentablemente, horas más tarde su cuerpo fue localizado. Había sido violada y asesinada. En ese año, la señorita Laura, del programa televisivo *Laura en América*, acudió al domicilio de la familia de Karen. Realizó un sinfín de programas supuestamente para "ayudar" a la familia, a la que visitó sólo en una ocasión y prometió que "estaría pendiente de la investigación", cosa que no sucedió.

Transcurrieron ocho años. "Jamás volvió esa señora que solo subió su *rating*, mas no hizo nada por ayudarnos, sólo utilizó nuestro dolor", me comentó Isabel, madre de Karen. El 13 de octubre de 2020 Rich, apoyado de la información que le dio la familia de Karen, dio con el paradero de Marcos. Lo ubicó e hizo saber a los mandos judiciales de la Fiscalía del Estado de México dónde se encontraba para que fuera detenido.

El acompañamiento a las familias víctimas de un asesinato tan cruento como el feminicidio no sólo tiene que ver con "cubrir" la nota en el momento, o hacer del dolor un espectáculo —como hizo Laura Bozzo y hacen otras más— durante años. Acompañar implica abrazar, escuchar y acercar apoyo legal de las mismas instancias gubernamentales, que para eso están.

Los medios de comunicación y sus formatos, incluidos los *talk show*, deben considerar prioridad el impacto que sus acciones tendrán en una familia y protegerlas, porque el mal manejo de la información y el espectáculo del infierno sólo genera su revictimización. Marcos está detenido y fue vinculado a proceso. En breve será sentenciado.

En abril de 2015, Diego Heladio Quijas Martínez se encontraba en su domicilio con Tania, su esposa, en Huixquilucan, Estado de México. En algún momento iniciaron una discusión. El sujeto la golpeó y al verla sin vida la sacó de su domicilio para abandonarla en un cerro. En julio de 2015 fue detenido, pero en 2017 fue liberado porque un juez dictó sentencia absolutoria a su favor.

Afortunadamente, el Ministerio Público de la Fiscalía estatal interpuso un recurso de apelación contra la sentencia, recabó los datos de prueba necesarios y logro que la autoridad judicial otorgara la reaprehensión del individuo. Además, se ordenó la reposición del procedimiento penal a partir de la etapa de juicio. El 5 de diciembre de 2020, Diego fue reaprehendido. Hoy se encuentra en proceso judicial y vigilamos que no sea liberado nuevamente.

Eusebio Petronilo Tiburcio y Ricardo "N" asesinaron a sangre fría a Antonia García Díaz, de setenta y seis años, en 2017. La mujer de la tercera edad les solicitó que dejaran de hacer ruido, pues tenían una reunión. Eusebio fue ubicado y detenido el 27 de octubre de 2020 y se encuentra en proceso judicial. Su cómplice sigue prófugo.

El 24 de diciembre de 2017 Laura González Sánchez, de diecinueve años, se encontraba en una reunión en casa de Ricardo Ramírez Juárez, en la Ciudad de México. Desde entonces está en calidad de desaparecida. Después de múltiples gestiones y solicitudes de atención, la Fiscal General de la Ciudad de México finalmente ubicó y detuvo a Ricardo el 3 de febrero de 2021, tres años después de los hechos. El sujeto se encuentra en proceso judicial por desaparición forzada entre particulares.

El 21 de febrero de 2021 José Pablo, de tres años, jugaba con otros niños en la parte trasera de su domicilio. Cuando la madre salió a ver qué hacía, el niño había desaparecido. Fue privado de la libertad por tres sujetos que lo sustrajeron con la intención de cobrar rescate por él. De inmediato, inició la búsqueda por parte de la Fiscalía del Estado en colaboración con Seguridad Pública de Texcoco, Estado de México. Esto favoreció que los perpetradores abandonarán al pequeño en un despoblado donde fue localizado con vida. Rich se encontraba cerca del lugar y se incorporó a la búsqueda de los sujetos, asegurando a uno de ellos. David "N", Andrés Onan "N" y Jesús "N" fueron puestos a disposición de las autoridades y actualmente están en proceso judicial.

El 4 de mayo de 2021 Karla Romina "desapareció" de su casa en Querétaro. Su hermana me contactó y fuimos revisando detalles que nos hacían pensar que Carlos Sánchez Etzana, pareja de Karla, la había desaparecido. El 8 de mayo encontraron el dorso de una mujer muy cerca de donde vivía Karla. Con la información que Erika me proporcionó, deducimos que el presunto culpable podría estar en el Estado de México. Le pedí a Rich que buscara datos. Estaba en el Estado de México. El 10 de mayo acudí a Querétaro para acompañar a Erika y hacerle saber que ya habían detenido por posesión de drogas a Carlos. El sujeto fue trasladado ese mismo día a Querétaro.

Es importante señalar que en casos como el de Erika, tuvimos muchas trabas por parte de la Fiscalía de Querétaro. A pesar de haber ayudado a ubicar y que se asegurara al sujeto, nos negaron todo apoyo. Por fortuna, la Fiscalía del Estado de México nos apoyó durante el proceso. Carlos se encuentra en proceso judicial en Querétaro.

Angélica Nisharynday Sánchez Medina era originaria de Cuautitlán, Estado de México. Tenía una relación de pareja con Francisco Hernández Castillo, quien casi le doblaba la edad. Fue vista por última vez el 5 de agosto de 2019 en la colonia Bosques de Iztacala, municipio de Atizapán de Zaragoza, Estado de México.

Su cuerpo fue localizado sobre la carretera Tula-Atitalaquia en el Estado de Hidalgo. Las autoridades sospechaban de Francisco. El 12 de junio de 2021 se emitió la orden de aprehensión en su contra. El 29 de julio de 2021, Rich se trasladó a Oaxaca porque le brincaba en la investigación que el presunto culpable podía estar en la entidad. Lo localizó en una comunidad que se encuentra entre los límites de Veracruz y Oaxaca. En esa ocasión, el apoyo del fiscal general de Oaxaca, Arturo Pembert Calvo, fue de vital importancia para asegurar al sujeto en lo que la Fiscalía del Estado de México iba por él. Francisco ya se encuentra vinculado a proceso judicial por feminicidio.

El 17 de mayo de 2020, Dulce Karina Moreno Ibaria, madre de cuatro menores, fue asesinada. Yair Juárez Torres, pareja de Dulce, era el presunto responsable. Los hechos sucedieron en Tultitlán, Estado de México. Cuando supe que ya había orden de aprehensión, nos dimos a la tarea de ubicarlo. Rich lo encontró y, gracias a ello, elementos de la Fiscalía lo detuvieron en septiembre de 2021. El sujeto se encuentra vinculado a proceso y en espera de juicio.

El día 18 de marzo del 2019 quedaron registradas en video imágenes de Manuel Fernández Solís y su hijo Gabriel Fernández Espinoza sacando de su domicilio, inconsciente, a Gilberta Espinoza Hernández, e introduciéndola a un vehículo propiedad de una empresa de seguridad privada. Gilberta, de sesenta y cuatro años, fue reportada como desaparecida por dos de sus hijas. Natalia fue quien nos buscó para apoyarlas. Una semana después de los hechos registrados en el video se descubrió el cuerpo sin vida de la mujer en el kilómetro 24 de la carretera Naucalpan-Toluca.

Manuel fue detenido por Rich, quien lo ubicó vendiendo dulces en la calle, el 25 de septiembre de 2021. El sujeto fue vinculado a proceso por feminicidio. Sin embargo, Gabriel continúa prófugo.

El 14 de agosto de 2016, Citlali Lizet López Vázquez platicaba con un grupo de personas en una calle del poblado de La Concepción, Municipio de Tezoyuca, Estado de México. Entre ellos estaba Jonathan Alexis Padilla Torres. Citlalli les hizo saber que se retiraba del lugar y Jonathan Alexis se ofreció a acompañarla.

En un paraje solitario, el sujeto empezó a golpearla para violarla. Al terminar de perpetrar el crimen, la dejó allí tirada. El 27 de octubre de 2020 fue girada la orden de aprehensión. Rich tuvo conocimiento de ella en septiembre de 2021. El 13 de octubre de 2021, el criminal fue detenido y puesto a disposición de las autoridades. Ya se encuentra vinculado y en espera de juicio.

En 2010, José Ángel Rebollar Hernández y Elizabeth Urcid Rivera vivían en San Pablo Chimalhuacán, Estado de México. Eran padres de un pequeño. Un día, Elizabeth ya no regresó a casa. José Ángel no notificó a su suegra ni a las autoridades. Pasados tres meses de la ausencia de Elizabeth, su madre, preocupada, acudió a buscarla a su domicilio, donde el infame le dijo que ya no vivían juntos. La madre la denunció como desaparecida.

El 25 de agosto del 2011 encontraron su cuerpo sin vida a la altura del kilómetro 9.5 de la carretera Picacho Ajusco, en la colonia Bosques del Pedregal, en la alcaldía Tlalpan, Ciudad de México. El 13 de julio de 2018 se giró la orden de aprehensión. El 10 de octubre de 2021 José Ángel fue detenido.

El día 20 de septiembre del 2015, Diana Guadalupe Quinto se encontraba trabajando en el domicilio de María Margarita en Coyoacán, Ciudad de México. En algún momento discutieron y Diana asesinó a María para posteriormente huir. El 17 de noviembre de 2021 el grupo especial y Rich lograron la detención de la mujer, que se encuentra recluida.

El 8 de diciembre del 2019 un sujeto ingresó a un domicilio ubicado en la colonia Reforma, Tlalmimilolpan, en el municipio de Lerma, Estado de México, donde estaba una adolescente a quien le realizó tocamientos en las partes íntimas. La adolescente narró lo ocurrido a sus familiares, que procedieron a denunciar los hechos ante la Fiscalía estatal. Con el avance en la indagatoria, se solicitó al juez de control girar la orden de aprehensión contra el agresor. Gilberto fue ubicado y detenido el 10 de diciembre de 2021, en Xpuxil, Campeche. Los primeros días de enero de 2022 fue vinculado a proceso.

Somos Voces de la Ausencia

Durante todos estos años, el equipo que ahora conformamos Rich, Frida, Daniel y las Voces de la Ausencia —familias víctimas de feminicidio y desaparición de mujeres, niñas, niños y adolescentes—, hemos ayudado a la detención de aproximadamente ciento cincuenta y cinco delincuentes: secuestradores, homicidas y feminicidas. Esto prueba que podemos hacer mucho más que quejarnos.

Ojalá las autoridades comprendieran que pueden lograr mucho más si trabajan en conjunto con las organizaciones de la sociedad civil a nivel estatal y federal. Estoy segura de que desde FridaGuerrera no solo coadyuvaríamos eficazmente en la Ciudad de México y el Estado de México, sino en las entidades que nos lo permitieran para dar con los responsables y para sostener, apoyar y estar al tanto de las familias víctimas de estos hechos. Procurar su bienestar en todos los niveles y exigir justicia para ellas es tarea de todos.

Qué hacer y a dónde acudir cuando hay violencia en casa contra la niñez

La información que se reproduce a continuación fue tomada y adaptada del protocolo compartido por Fundación en Pantalla.

¿Qué puedo hacer en caso de atestiguar actos de violencia contra menores (flagrancia)?

Si estás en presencia de un delito, como la violencia, cometido en agravio de un menor, solicita auxilio a la policía en los números de emergencia de tu localidad. Ella tiene la facultad de resguardar al menor, asegurar al agresor y ponerlo a disposición del Ministerio Público correspondiente, quien estará a cargo de iniciar y conformar la carpeta de investigación.

¿Qué es una denuncia?

Es el procedimiento por medio del cual una persona, de manera directa o anónima, pone en conocimiento de la autoridad correspondiente la comisión de algún hecho posiblemente constitutivo de delito, mismo que puede ser sancionado por la ley penal.

¿Dónde puedo presentar una denuncia por violencia contra un menor?

En la Ciudad de México, debes acudir a denunciar ante el agente del Ministerio Público especializado en niñas, niños y adolescentes. En el interior de la República, acude a las fiscalías en la Procuraduría de la Defensa del Menor donde ocurrieron los hechos. La denuncia también puede hacerse telefónicamente o por Internet en las páginas electrónicas de las procuradurías.

¿Puedo denunciar anónimamente?

Sí, puedes hacerlo por escrito, sin colocar datos personales, o a través de la "denuncia virtual anónima" en la página electrónica de tu procuraduría correspondiente.

¿Tiene algún costo?

No, todos los trámites son gratuitos.

¿Qué consecuencias enfrento al denunciar?

Ninguna, el trámite es confidencial.

¿Cómo se hace?

A través de un procedimiento de índole penal o administrativo, según sea el caso, por medio de denuncia, reporte, queja o acta circunstanciada de posible maltrato infantil, con la finalidad de iniciar:

- Averiguación previa
- Carpeta de investigación

- Procedimiento administrativo
- Reporte de probable maltrato infantil

¿Ante quién se interpone una denuncia?

Ante las siguientes autoridades:

- Procuradurías generales de justicia estatales y fiscalías especializadas.
- DIF nacional y/o estatal.
- Fiscalía General de la República (FGR), en los casos donde el delito sea del fuero federal, como trata o explotación sexual, comercial o laboral.
- Comisiones de derechos humanos nacionales y/o estatales.

¿Qué documentos debo presentar?

Credencial de elector, acta de nacimiento del menor o, en su caso, constancia de alumbramiento, y los que indique la autoridad.

¿Qué delitos puedo denunciar?

Se procederá a denunciar de oficio ante las procuradurías delitos considerados como graves cometidos en agravio de menores de edad, tales como:

- Violencia intrafamiliar
- Abuso sexual
- Lesiones graves
- Violación
- Homicidio
- Delitos contra el pleno desarrollo y dignidad de las personas

- Utilización de imágenes y/o voz de personas menores de edad o que no tienen capacidad para comprender el significado del hecho para la pornografía
- Lenocinio
- Provocación de un delito y apología de este o de algún vicio
- Abandono de persona
- Explotación sexual o laboral

NOTA: Si el menor se encuentra en situación de abandono, se debe notificar de inmediato al Sistema Nacional para el Desarrollo Integral de la Familia (DIF).

¿Qué es una averiguación previa, o qué es una carpeta de investigación?

Es aquel documento donde se hacen constar los hechos posiblemente constitutivos de delito, al que se le asigna un número de expediente, el nombre del funcionario que actúa y el tipo de delito a investigar.

¿Qué es un reporte al DIF?

Es la canalización que se envía al DIF de la localidad donde ocurre el posible maltrato infantil, a efecto de que la autoridad actúe para resguardar la integridad del menor.

¿Qué es un procedimiento administrativo?

Es el que se realiza ante una instancia administrativa encargada de procurar justicia —como la Función Pública, Contraloría, Comisión de los Derechos Humanos y Visitaduría de las instituciones— cuando viola los derechos humanos de las personas, como los denunciantes y víctimas del delito, así como cuando presenta falta de interés para integrar el expediente correspondiente con dilación, obstaculizando el debido proceso. Es decir, cuando la autoridad no haga su trabajo correctamente.

¿Qué puedo hacer si se niegan a levantar mi denuncia o no le dan trámite?

Puedes acudir al responsable de la agencia o fiscal correspondiente para hacer de su conocimiento la actuación de la autoridad o con los representantes de las instancias señaladas en la pregunta anterior. Ellos levantarán tu queja y le darán seguimiento para verificar la omisión de la autoridad.

Es recomendable presentar una queja en la Comisión de Derechos Humanos de tu estado. Este organismo tiene facultades para exigir la investigación de los hechos y revisar los procedimientos.

¿Puedo presentar una denuncia en domingo, día festivo o por la noche?

Las agencias atienden de lunes a domingo, las 24 horas del día, los 365 días del año.

DEFINICIONES

¿Qué es una denuncia?

Es el procedimiento por medio del cual una persona, de manera directa o anónima, pone en conocimiento de la autoridad correspondiente la comisión de algún hecho posiblemente constitutivo de delito, mismo que puede ser sancionado por la ley penal.

¿Qué es una denuncia anónima?

Es poner de conocimiento de manera anónima a la autoridad correspondiente la comisión de hechos posiblemente constitutivos de delito. Se puede hacer de manera oral o escrita, presencial o virtual.

¿Qué es una queja?

Es el procedimiento administrativo por medio del cual se pone en conocimiento de las autoridades administrativas la violación a los derechos humanos de los niños, niñas o adolescentes, con la finalidad de vigilar el cumplimiento de sus derechos.

¿Qué es un acta circunstanciada?

Es un documento de control interno donde se hacen constar circunstancias relacionadas con el posible maltrato infantil, mismas que serán canalizadas a la autoridad correspondiente a efecto de su conocimiento.

¿Qué es el reporte de posible maltrato infantil?

Es la canalización que extiende la organización o institución denunciante al DIF correspondiente, a efecto de hacer del conocimiento de la autoridad el posible maltrato infantil para su seguimiento y atención. También se puede hacer mediante una denuncia anónima.

Asimismo, se debe hacer del conocimiento ante las comisiones federal o estatal de los Derechos Humanos, la violación a los derechos de las niñas, niños y adolescentes relacionados con violencia o maltrato infantil a través de un procedimiento penal por medio de los mecanismos mencionados para que la autoridad inicie:

- Averiguación previa
- Carpeta de investigación
- Procedimiento administrativo
- Reporte de probable maltrato infantil

Líneas de denuncia y directorio de procuradurías en el país

NÚMEROS TELEFÓNICOS PARA PRESENTAR DENUNCIAS

El gobierno federal pone a disposición los siguientes números telefónicos para recibir denuncias:

Maltrato infantil

Línea de denuncia del Sistema Nacional para el Desarrollo Integral de la Familia (DIF): 55 3003 2200 extensiones 4424, 4425 o 4426

Acoso Escolar o bullying

Línea de denuncia de la Secretaria de Educación Pública (SEP): 800 11 ACOSO (22 676)

Directorio de procuradurías en el país

AGUASCALIENTES
Procuraduría de la Defensa del Menor y la Familia
Dirección: Prolongación Libertad n° 225, colonia Centro, C.P. 20000, Aguascalientes, Aguascalientes
Teléfono: 800 900 2002

BAJA CALIFORNIA
Procuraduría de Protección de Niñas, Niños y Adolescentes
Dirección: Avenida Álvaro Obregón n°1290, Segunda Sección, C.P. 21100, Mexicali, Baja California
Teléfono: 68 6551 6600 extensión 6663

BAJA CALIFORNIA SUR
Procuraduría de la Defensa del Menor y la Familia
Dirección: Carretera Transpeninsular al norte km 4.5, colonia Conchalito, C.P. 23090, La Paz, Baja California Sur
Teléfono: 61 2124 2922
Correo electrónico: difbcs@bcs.gob.mx

CAMPECHE
Procuraduría de la Defensa del Menor, la Mujer y la Familia
Dirección: Calle 53 1, Zona Centro, C.P. 24000 Campeche, Campeche
Teléfono: 98 1811 4040

COAHUILA
Procuraduría de la Defensa del Menor y la Familia
Dirección: Carretera Saltillo-Torreón km 2.5, colonia Satélite Norte, C.P. 25000, Saltillo, Coahuila
Teléfono: 84 4434 0841 y 84 4434 1000

COLIMA

Procuraduría de la Defensa del Menor y la Familia
Dirección: Juan Álvarez n°149, colonia Jardines Vista Hermosa
III, C.P. 28017, Colima, Colima
Teléfono: 31 2313 3033

CHIAPAS

Procuraduría de Protección de Niñas, Niños, Adolescentes y la
Familia
Dirección: Libramiento Norte Oriente Salomón González Blan-
co s/n, esquina Paso Limón, colonia Patria Nueva, C.P. 29000,
Tuxtla Gutiérrez, Chiapas
Teléfono: 96 1617 0020 extensiones 55022-55025
Correo electrónico: procuraduria@difchiapas.gob.mx

CHIHUAHUA

Procuraduría de Asistencia Jurídica y Social de Desarrollo Inte-
gral de la Familia Chihuahua
Dirección: Calle 12a n°4610, colonia Santa Rosa, C.P. 31050,
Chihuahua, Chihuahua
Teléfono: 61 4214 4000 y 800 230 4050

CIUDAD DE MÉXICO

Procuraduría de Protección de Niñas, Niños y Adolescentes
Dirección: Prolongación Xochicalco n°1000, colonia Santa Cruz
Atoyac, C.P. 03310, alcaldía Benito Juárez, Ciudad de México
Teléfono: 55 5604 0127 extensión 6240
Correo electrónico: fsantamariad@dif.cdmx.gob.mx

DURANGO

Sistema Estatal para el Desarrollo Integral de la Familia
Dirección: Boulevard José María Patoni, manzana s/n, lote s/n,
fraccionamiento Predio Rústico La Tinaja y Los Lugos, n°105,

C.P. 34217, Durango, Durango
Teléfono: 61 8137 9101
Correo electrónico: dif@durango.gob.mx

ESTADO DE MÉXICO
Procuraduría de la Defensa del Menor y la Familia
Dirección: José Vicente Villada n°451, esquina Francisco Murguía, colonia El ranchito, C.P. 50130, Toluca, Estado de México
Teléfono: 72 2212 4500, 72 2212 4757, 72 2212 4868
Correo electrónico: procudemis@edomex.com

GUANAJUATO
SEDIF Guanajuato
Dirección: Paseo de la Presa n°89-A, colonia Centro, C.P. 36000, Guanajuato, Guanajuato
Teléfono: 47 3735 3300

GUERRERO
Dirección de Asistencia Jurídica y Protección a la Infancia del DIF-Guerrero
Dirección: Avenida Gabriel Leyva, esquina con Ruffo Figueroa s/n, colonia Burócratas, C.P. 39090, Chilpancingo, Guerrero
Teléfono: 74 7472 5600, 74 7472 5672, 74 7472 5692, 74 7472 5736
Correo electrónico: juridicodif@prodigy.net.mx

HIDALGO
Procuraduría de la Defensa del Menor y la Familia
Dirección: Calle de Salazar n°100, colonia Centro, C.P. 42000, Pachuca, Hidalgo
Teléfono: 77 1717 3100, 77 1717 3135, 77 1717 3126
Dirección Electrónica: http://dif.hidalgo.gob.mx/

JALISCO

Coordinación de Atención de Delitos en Agravio de Menores, Sexuales y Violencia Intrafamiliar
Dirección: Calzada Independencia Norte n°778, PB, colonia La perla, C.P. 44260, Guadalajara, Jalisco
Teléfono: 33 3837 6000 extensiones 12122 y 12230, 800 640 9298
Correo electrónico: delmenorpgj@jalisco.gob.mx

MICHOACÁN

Procuraduría de la Defensa del Menor y la Familia
Dirección: Avenida Acueducto n°17, colonia Bosque Cuauhté-moc, C.P. 58020, Morelia, Michoacán
Teléfono: 44 3313 3540, 44 3313 7715 extensión 108

MORELOS

Procuraduría de la Defensa del Menor y la Familia
Dirección: Calle las quintas n°15, colonia Cantarranas, C.P. 62448, Cuernavaca, Morelos
Teléfono: 77 7318 5790, 77 7318 6306

NAYARIT

Procuraduría de la Defensa del Menor y la Familia
Dirección: Boulevard Luis Donaldo Colosio n°93, colonia Ciu-dad industrial, C.P. 63200, Tepic, Nayarit
Teléfono: 31 1129 5100 extensión 18221
Correo electrónico: difnayarit@gmail.com

NUEVO LEÓN

Procuraduría de la Defensa del Menor y la Familia
Dirección: Avenida Valparaíso n°801, colonia Jardines de La Pas-tora, C.P. 67110, Guadalupe, Nuevo León
Teléfono: 81 2020 8522
Correo electrónico: anabertha.garza@nuevoleon.gob.mx

OAXACA

Procuraduría para la Defensa del Menor, la Mujer y la Familia
Dirección: Calle 14 y 22 Oriente s/n, colonia Paraje las Salinas,
C.P. 71248, San Raymundo Jalpan, Oaxaca
Teléfono: 95 1133 9001 y 95 1133 9002

PUEBLA

Departamento de la Procuraduría de la Defensa del Menor, la
Mujer y la Familia
Dirección: Calle 5 de Mayo n°1606, colonia Centro, C.P. 72000,
Puebla, Puebla
Teléfono: 22 2229 5263 extensión 5263
Correo electrónico: raquel.avendano@puebla.gob.mx

QUERÉTARO

Procuraduría para la Defensa del Menor, la Mujer y la Familia
Dirección: Avenida Constituyentes s/n, esquina Reforma Agra-
ria, colonia Casa Blanca, C. P. 76030, Querétaro, Querétaro
Teléfono: 44 2215 2480 y 44 2215 5952

QUINTANA ROO

Procuraduría de la Defensa del Menor y la Familia
Dirección: Avenida Bugambilia s/n, esquina Juana de Asbaje,
colonia Miraflores, C.P. 77027, Chetumal, Quintana Roo
Teléfono: 98 3837 3110

SAN LUIS POTOSÍ

Procuraduría de la Defensa del Menor, la Mujer y la Familia
Dirección: Avenida Salvador Nava Martínez n°2904, esquina
Juan Cárdenas, fraccionamiento Del Real, San Luis Potosí, San
Luis Potosí
Teléfono: 44 4198 3000

SINALOA

Dirección de Asistencia Jurídica y Procuraduría de la Defensa del Menor, la Mujer y la Familia
Dirección: Boulevard Constitución, esquina con Juan M. Balderas, colonia Jorge Almada, C.P. 80200, Culiacán Rosales, Sinaloa
Teléfono: 66 7712 1603 y 66 7716 4486
Correo electrónico: difsinaloa@prodigy.net.mx

SONORA

Procuraduría de la Defensa del Menor y la Familia
Dirección: Periférico Oriente s/n, colonia Proyecto Río Sonora Hermosillo XXI, C.P 83270, Hermosillo, Sonora
Teléfono: 66 2256 1267

TABASCO

Procuraduría de la Defensa del Menor y la Familia
Dirección: Prolongación calle Anacleto Canabal n°700, esquina con Periférico, colonia 1° de mayo, C.P. 86190, Villahermosa, Tabasco
Teléfono: 99 3315 2238

TAMAULIPAS

Procuraduría Estatal de Protección a la Mujer, la Familia y Asuntos Jurídicos
Dirección: Calzada general Luis Caballero n°297, colonia Oriente, C.P. 87060, Ciudad Victoria, Tamaulipas
Teléfono: 83 4318 3451, 83 4318 1400 extensiones 3555 y 3557

TLAXCALA

Procuraduría de la Defensa del Menor, la Mujer y la Familia
Dirección: Avenida Morelos n°4, colonia Centro, C.P. 90000, Tlaxcala, Tlaxcala
Teléfono: 24 6465 0440, 24 6465 0444 extensiones 207 y 215

VERACRUZ

Procuraduría de la Defensa del Menor, la Familia y el Indígena
Dirección: Calle Chihuahua n°114 entre Toluca y Villahermosa, colonia Progreso, C.P. 91130, Xalapa, Veracruz
Teléfono: 22 8814 2271 y 22 8814 3846

YUCATÁN

Procuraduría de la Defensa del Menor y la Familia
Dirección: Calle 14 n°189 por 17, colonia Miraflores, C.P. 97179, Mérida, Yucatán
Teléfono: 99 9929 8375 y 99 9940 2512, extensión 113

ZACATECAS

Procuraduría de la Defensa del Menor, la Mujer y la Familia
Dirección: Avenida Jesús Reyes Heroles n°204, interior 2, colonia Javier Barrios Sierra, C.P. 98090, Zacatecas, Zacatecas
Teléfono: 49 2924 1170, 49 2924 1437

Epílogo

¿Quién no recuerda su infancia? Aunque, como dice Dilcya, todos fuimos violentados de una u otra forma, muchos probablemente recordamos esa etapa con nostalgia. Quizá extrañamos a mamá, papá o a los abuelos, a nuestros compañeros y rivales de juego. De mi infancia recuerdo mucho a mi madre, siempre trabajando fuera de casa para que pudiéramos tener una mejor vida. Aunque no éramos perfectos, ella siempre estaba guiándonos, regañándonos, dispuesta a cuidarnos.

No es que la violencia no existiera; es que al enterarnos de ella nos movía, nos conmovía. La nota roja no es un género nuevo, pero cuando en mi niñez llegábamos a conocer sobre el asesinato de un hombre, una mujer, o —peor— de una niña o niño, nos dolía, aunque los adultos no hablaran mucho sobre ello.

La mejor etapa de un ser humano debe ser sin duda la infancia; nada debería preocuparles, atemorizarlos, hacerlos sentir inseguros. O si acaso, como decía mi mamá, ellos sólo deberían preocuparse por la escuela. Ser pequeña en mi casa tenía mucha magia. Aunque había carencias, mis hermanas y yo éramos felices jugando. Nada nos parecía mejor que pasar los viernes jugando en la calle encantados y escondidas, reír y sólo preocuparnos por las tareas. Sí nos cuidábamos entre todas de los tíos o los primos que como depredadores nos acechaban, pero estaba siempre fuera de nuestra mente que alguien nos fuera a asesinar.

Palabras finales... también con dolor

Samanta nació el 31 de agosto de 2017 en la Ciudad de México. Diana era madre soltera. No la había registrado porque en julio de 2018 empezó a vivir con Aarón y estaba esperando a formalizar su relación con él para hacerlo, pues sus dos hijas —Sam y su hermanita mayor, de cuatro años— le decían "papá".

Diana vendía quesadillas de 8:00 a 18:00 horas, mientras que Aarón, que no trabajaba, se quedaba al cuidado de las bebés. El 22 de abril de 2019 policías fueron alertados de que un sujeto llevaba a una pequeña a la que iba golpeando severamente en el rostro. La niña fue ingresada en urgencias por su abuela materna. A petición de la abuelita, Aarón fue detenido, trasladado y puesto a disposición de las autoridades. Samy ingresó a la clínica 76 del IMSS en estado grave.

Al explorarla, los médicos se percataron de su estado. Su abuelita refirió que no era la primera vez que era golpeada por Aarón, con quien su hija tenía viviendo diez meses. De acuerdo con el médico, la nena presentaba visibles huellas de maltrato, equimosis en diversas partes del cuerpo y desnutrición.

Una vez más, una pequeña nacida bajo todas las condiciones favorables para ser asesinada: la desatención, la normalización de la violencia, el justificante de que es su hija y pueden hacer lo que quieran con ella, sin vigilancia ni cuestionamiento. El escenario idóneo para ser vapuleada, quemada, exterminada.

La pequeña Sam fue registrada el 23 de abril. Ya estaba internada y con un pronóstico grave ante la irresponsabilidad de quien se supone debería cuidarla y amarla, su madre. Diana no alcanzaba a comprender el daño que provocó su omisión y la normalización de la violencia. Para ella era normal que Aarón les diera "nalgadas" a sus niñas y justificaba la violencia: "Él se desesperaba con las niñas, por eso les llamaba la atención".

El 24 de abril Samy no resistió más. El traumatismo craneoencefálico severo que presentaba, con fractura y hemorragia del lado derecho del cráneo, el edema cerebral, además de la anemia aguda secundaria que padecía, hicieron estragos en su cuerpecito. La bebé perdió la batalla ante la bestialidad de Aarón y la falta de amor y protección de Diana.

La pequeña fue asesinada ante la indiferencia y complicidad de muchos que advirtieron que era violentada pero callaron. Perdió la batalla frente a las autoridades que deberían haber vigilado su bienestar, mismos que, seguramente, el Día del Niño llenan sus redes sociales de frases cargadas de amor para los pequeños, sin hacer lo que les toca.

Sam es de aquellas niñas que no se ven, las que no importan, las que nacen en asentamientos. Sam es una más de las chiquillas que diariamente engrosan las estadísticas de este país que solo se lamenta de vez en cuando ante la muerte; pequeñas que no son de nadie, pero que deberían ser de todos. Samanta murió ante la indiferencia de los medios de comunicación que ni siquiera hablaron sobre su asesinato.

Queremos cerrar con Samantha porque es la niña que justo en el momento que estoy escribiendo fue asesinada en un país sangrante, que a diario es apuñalado, que todos los días muere de a poco porque estamos permitiendo que liquiden su presente y futuro. La intención, como siempre que compartimos una historia, es recordar a algunas de nuestras pequeñas que nunca serán adultas porque no se los permitieron, nuestras bebas y bebés que quedarán inmortalizados en la niñez porque jamás serán adultos. La mezquindad de seres sin entrañas no se los permitió. Samanta se unió a estos tiernos rostros que nos motivan a luchar para evitar que las muertes continúen.

Muchas veces, en medio de nuestra labor, hemos tenido que tomar un momento para llorar, gritar y enfurecernos ante el horror que no para, que no podemos detener. Pareciera que el ente llamado "humano" jamás volverá a sentir amor por los pequeños, a quienes más que llorarles y llamarles "ángeles", deberíamos hacerles justicia, cuidarlos en vida, ser responsables de ellos.

Deberíamos también exigir a los legisladores que realmente cumplan con su función y nos representen a todos, pero más a los pequeños; que dejen de usar el dolor para golpearse unos a otros políticamente y que se pongan a trabajar en leyes para proteger a nuestros bebés.

Cierra los ojos y recuerda a esa niña o niño que eras, que a pesar del tiempo aún vive dentro de ti. Imagina que estás siendo aterrorizado por los gritos del adulto que debería cuidarte, eres azotado porque no dejas de llorar. Cierra los ojos, no dejes que entre ruido, deja de justificar a los agresores. Estás siendo violada para satisfacer los bajos instintos de un criminal que te usará para desecharte después como basura.

Los días de la niñez tranquila se han acabado. Sí, antes pasaba, pero las calles, escuelas y casas eran más seguras. No es que se vean más ahora, es que generaciones atrás algo se rompió en la sociedad, algo muy grave sucedió y debemos reconocerlo para rectificar.

Hoy es día de callarnos y ayudar, de sentir vergüenza, de que en lugar de seguir alardeando en redes sociales vayamos a abrazar, vigilar y cuidar a los niños y niñas que siguen vivos.

No lloremos, actuemos. ¿Cómo? Empujando, exigiendo a las autoridades, metiéndonos en "asuntos que no nos corresponden", alzando la voz, porque con esas acciones puedes salvar muchas vidas y, sobre todo, puedes detonar que nuestra sociedad por fin entienda que no depende solo de las autoridades, que es una responsabilidad compartida, porque la chingada nos está cargando a todos y, peor, a nuestro más grande tesoro.

Acerca de la autora

Frida Guerrera realizó los diplomados en Terapia familiar sistémica y Neurodesarrollo infantil. Es comunicadora independiente y recientemente investigadora en casos de feminicidio infantil.

La necesidad de conocer a fondo lo que sucedía en Oaxaca la llevó a dejar la capital del país para trasladarse a esa entidad, dando cobertura al conflicto magisterial en 2006. El 1 de julio de 2007 creó el Blog FridaGuerrera, donde publica su "Columna rota", un espacio para difundir el abuso contra la mujer y los delitos de feminicidio. Desde abril de 2008 hasta el 2012 el periódico *Noticias Voz e Imagen de Oaxaca*, el diario más leído en la entidad, publicó semanalmente "Columna rota".

En abril de 2008 una incógnita la llevó a la región Triqui, pueblo indígena ubicado en el noreste del estado de Oaxaca. Dado su carácter marginado y su importancia en guerras paramilitares quiso observar a la comunidad. Los asesinatos de Teresa y Felicitas, las dos locutoras triquis del Municipio Autónomo de San Juan Copala, la mantuvieron ahí.

Desde entonces, ha cubierto temas diversos, particularmente aquellos que tienen que ver con violaciones a Derechos Humanos.

Desde el 10 de agosto de 2010 inició la cobertura del tema de San Juan Copala, dando voz por medio de videos, notas, fotos y columnas de opinión a quienes desde noviembre de 2009 permanecieron dentro del lugar y vivieron sitiados por paramilitares, dando seguimiento, posteriormente, a los trescientos desplazados. Dicha cobertura fue publicada en el Blog FridaGuerrera, en la agencia de noticias Rebanadas de Realidad de Buenos Aires, Argentina, Apia Virtual, Indymedia México, Kaos en la red, Reflexión Informativa Oaxaca, NssOaxaca, Revolucionemos Oaxaca y CIMAC.

Participó como iniciadora y locutora de RadioAMLO; fue corresponsal de Radio Bemba, en el Estado de Sonora; trabajó con Julio Hernández López en La Jornada TV y, más tarde, en Astillero TV, de noviembre de 2006 a julio de 2007. En 2009 recorrió los quinientos setenta municipios de Oaxaca acompañando al licenciado Andrés Manuel López Obrador.

Ha participado como ponente de "Feminicidio, escuchar, sentir, abrazar" y con diversas conferencias en todos los planteles del Colegio de Ciencias y Humanidades (CCH) de la Ciudad de México, en bachilleratos del Estado de México, en diversas sedes de la Universidad Autónoma de México, de la Universidad Autónoma Metropolitana, el Instituto Politécnico Nacional, el Tecnológico de Monterrey, la Universidad Interamericana para el Desarrollo (Campus Cancún) y la Universidad de Nuevo León.

Participó con una crónica sobre los hechos de Nochixtlán el 19 de junio de 2016 en el libro de Martín Moreno *El Derrumbe*. Es autora del libro *#NiUnaMás. Feminicidio en México: tema urgente en la agenda nacional*, publicado por editorial Aguilar en 2018, y coautora del libro *El México que se avecina*, coordinado por Julio Hernández López, "Astillero", publicado por Harper Collins en 2021.

El 29 de noviembre de 2010, a nueve meses de la muerte de Carlos Montemayor, se constituyó "El Premio Nacional Carlos Montemayor" que se otorga a ciudadanos, periodistas, luchadores sociales o activista que se dedican a la defensa de los Derechos

Humanos en circunstancias desfavorables. Verónica Villalvazo (FridaGuerrera) fue la galardonada. Recibió también la Presea Leona Vicario en 2018, otorgada por el Instituto de Investigación y Capacitación Jurídico Empresarial Mexiquense, S.C., y el Premio Humaniza, otorgado el 14 de febrero de 2019, por la Comisión de Derechos Humanos del Estado de México.

Desde el 1 de enero de 2016 a la fecha, documenta diariamente los feminicidios en el país y escribe historias de mujeres y niñas asesinadas en México. Con su trabajo, ha contribuido a la ubicación y detención de ciento cincuenta y cinco feminicidas, violadores y secuestradores, en colaboración con la Fiscalía del Estado de México.

#Con las niñas no de Frida Guerrera
se terminó de imprimir en el mes de mayo de 2022
en los talléres de Diversidad Gráfica S.A. de C.V.
Privada de Av. 11 #1 Col. El Vergel, Iztapalapa,
C.P. 09880, Ciudad de México.